Aprende en 30 días lo que nos tomó años

Dedicatoria

A nuestros pastores Otoniel y Omayra Font por su cobertura espiritual y amor hacia nuestra familia y por ser una gran ejemplo de amor matrimonial.

A Carlos y Norma Ortiz por llegar a nuestras vidas en un momento donde tener un buen ejemplo de lo que debe ser una vida matrimonial feliz en el ministerio nos dio la esperanza de que sí se puede vivir casados y felices para siempre.

A los fieles seguidores de Él dice, Ella dice, los cuales dan sentido y valor al llamado que Dios nos ha hecho para bendecir matrimonios. Sus testimonios e historias nos inspiran a continuar con la misión de que; ¡ni uno más se divorcie!

Prólogo

Luego de terminar de escribir este libro, nuestras tres hijas nos sorprendieron, dándole a nuestra editora los siguientes escritos:

Como hija fui feliz en gran parte por el compromiso que mis padres hicieron, y han cumplido sin falta, de amarse, estar el uno con el otro hasta el final y disfrutarse la vida. Ahora, como esposa y madre, estoy eternamente agradecida porque vivo el esfuerzo y sacrificio que toma hacer un hogar feliz y de paz. Sin embargo, aunque cada día es un reto, me siento confiada porque no solo me enseñaron las herramientas para lograrlo, sino también me enseñaron cómo disfrutar de cada proceso de la vida. ¡Mi esposo y yo cada día seguimos aprendiendo de ellos! - Marta Nicole

No todo el mundo tiene la bendición de criarse con sus padres juntos, mucho menos con sus padres felizmente juntos. Mis padres han sido un claro ejemplo de que vivir bien, poner a Dios primero en todo y cuidar de la familia sí tiene grandes resultados. Ellos son buenísimos pastores, tremendos consejeros y excelentes amigos pero son mil veces mejores padres y esposos. Yo quiero lo que ellos han fomentado, un matrimonio feliz y una familia bendecida. Les agradezco por todo lo que soy, por creer en mí y por darme una familia que no es perfecta, pero que nos amamos con todas nuestras fuerzas. - Victoria Zoe

Mis padres me han enseñado que un buen matrimonio es aquel que decide amar, perdonar y empatizar el uno con el otro. Yo he tenido la bendición de verlos crecer como pareja cada día y ellos nunca dan por sentado su amor. Siempre buscan una nueva manera de enamorarse. Estoy muy segura de que si alguien ve su relación de la manera en que yo la veo, aspirarían a ser exactamente como ellos. - Andrea Sofía

Introducción

La unión matrimonial ha sufrido devaluación por las pasadas décadas y es hora de devolverle el lugar que le corresponde. Los modelos modernos de matrimonios han empañado lo que Dios en su Palabra diseñó para el disfrute de nosotros, sus hijos. Este asunto de pareja es el comienzo de la raza humana, es la idea divina, es la solución que Dios le vio al único problema que se encontró en la creación: No es bueno que el hombre esté sólo. "Entonces el SEÑOR Dios dijo: «No le hace bien al hombre estar solo, haré a un ser capaz de ayudarlo y que sea como él»." (Génesis 2:18 PDT)

El plan de Dios fue siempre la pareja; "Así que Dios creó al ser humano a su imagen y semejanza, creó al varón y a la mujer." (Génesis 1:27 PDT). Fíjese bien que la mujer fue creada a la misma vez que el hombre, pero manifestada cuando el hombre necesitó ayuda.

Es hora de que la gente comprenda que existe un poder arrollador en la relación matrimonial y que en ella esconde un valor exponencial de apoyo, ayuda y complicidad. Basta ya de los ejemplos equivocados de lo que es un matrimonio.

Es hora de tomar posturas firmes que muestren lo poderoso que es el compromiso y cómo se puede tener éxito y amarse para siempre.

Para saber lo que es una saludable relación matrimonial, debemos primero definir lo que no es.

El matrimonio no es un escape. Cuando nos casamos con alguien para escapar de un hogar inseguro o que nos desagrada, el fundamento es débil y tan pronto se nos pasa la euforia, ya no le vemos utilidad.

El matrimonio no es un salva vidas. En este nos casamos para que alguien se encargue de nosotros al 100%. El problema con esto es que tarde temprano le llegará el hastío a la pareja de tener que cargar con alguien que no aporta lo que debe a la relación.

El matrimonio no es una cárcel. Cada cual debe ser libre de escoger estar en esa relación. "No tengo que estar contigo, estoy contigo por que quiero."

El matrimonio no es una obra de caridad. Nadie debe ser responsabilidad de nadie dentro de la relación matrimonial y mucho menos debemos estar con alguien por pena.

El matrimonio no debe ser por conveniencia. Aunque estar casados en una enorme bendición, nunca debemos utilizar a nadie ni sus recursos como razón para entrar en matrimonio.

Un matrimonio de éxito es aquel en el cual sus componentes asumen la responsabilidad primero del "yo" y luego del "nosotros". Es saber que al matrimonio debo ir completo y no a buscar que me completen. Dios dijo: "ayuda idónea". Idóneo significa al mismo nivel, adecuado y completo. Nos casamos no porque no podamos hacer vida exitosa solos, nos casamos porque deseamos compartir nuestra vida con alguien tan valioso como yo.

Un matrimonio feliz es precisamente uno que a pesar de los problemas y los retos a superar, se mantiene enfocado en sobrevivir y, más aún, en florecer y prosperar. La relación matrimonial tiene personalidad jurídica, espiritual y emocional, por lo tanto los que la componen necesitan saber que somos socios igualitarios de la misma, con los mismos deberes y derechos. La situación por la cual muchas personas no entienden este principio fundamental es a causa de la idea errónea de que el matrimonio es solo una fantasía romántica. Para estar casados hay que tener una buena cabeza sobre los hombros y saber que el compromiso que hacemos frente a un altar es serio.

Por los pasados 30 años hemos construido una relación, que aunque no es perfecta, es "perfecta" para nosotros. Lo más importante es que seguimos trabajando en ella, porque al igual que un jardín, si no lo atendemos y le damos mantenimiento, crecerán cosas que no nos gustan y que pueden echar a perder lo que nos ha costado tanto esfuerzo.

Hace un tiempo atrás, una pareja que tuvo la oportunidad de compartir junto a nosotros ciertos momentos, hicieron el siguiente comentario a personas de nuestra congregación: "los pastores Gómez son unos farsantes, ningún matrimonio puede ser así de feliz". En el momento en que supimos lo que esta pareja pensaba, nos dió muchísima tristeza que tuvieran tan mal concepto, no de nosotros, sino de su propio matrimonio. Nuestra respuesta al comentario fue: "Si nuestro matrimonio es una farsa, déjennos vivir este maravilloso engaño".

Este libro recoge los consejos que durante estos 30 años de matrimonio, nos han dado las herramientas para llegar hasta donde estamos. Les prometemos que en la medida que vayamos descubriendo nuevos secretos, les compartiremos cómo nos va. Una de las cosas que más disfrutamos es trabajar juntos para bendecir.

Un abrazo, Robert & Marta, "los esposos felices"

Recomendación

Este libro está diseñado para que desde el día uno puedan comenzar a poner en práctica el principio que deseen mejorar. Sean consistentes en trabajar un principio al día o un principio a la semana. Lo más importante que deben saber es que mientras más rápido comiencen, más rápido verán resultados poderosos en su relación. Lo más recomendable es que lo trabajen juntos, pero de no ser este su caso, empiece uno solo. Algo siempre es mejor que nada.

Contenido

Prometo soñar contigo

Existe un refrán que dice: "Soñar no cuesta nada". Nosotros le añadiríamos: "No, soñar te va a costar todo".

Una de las cosas más maravillosas de cuando estamos en etapas de crecimiento es soñar con el futuro. Piensa cuando eras niño(a) y joven, las largas horas que pasabas soñando despierto(a) sobre qué profesión ibas a ejercer cuando fueras adulto, en dónde vivirías, cómo sería la casa y el auto de tus sueños, con quién te casarías, cuánto dinero tendrías en la cuenta bancaria, lo famoso(a) que serías, etc.

> *"Soñar no cuesta nada. No, soñar te costará todo".*

Visualizar tantas posibilidades era maravilloso y, aunque nuestros sueños cambiaran con los años y la madurez, el sentimiento de soñar era incomparable.

Sueña junto a tu cónyuge, aunque algunos sueños parezcan pesadillas. Aunque quizás veas el sueño de tu pareja como algo imposible o difícil, ser el estímulo de nuestra pareja apoyando sus sueños y deseos de hacer cosas grandes, fortalece su autoestima y apoya sus pensamientos para que logren convertirse en realidad.

En Génesis, que significa comienzo, un solo capítulo habla de toda la creación, incluyendo al hombre. También, se usa un solo capítulo para describir la desobediencia del hombre. Pero se usan trece de los cincuenta capítulos para hablar de la historia de un soñador.

Génesis 37:5 RV60 | "Y soñó José un sueño, y lo contó a sus hermanos; y ellos llegaron a aborrecerle más todavía."

Génesis 37:10 RV60 | "Y lo contó a su padre y a sus hermanos; y su padre le reprendió, y le dijo: ¿Qué sueño es este que soñaste? ¿Acaso vendremos yo y tu madre y tus hermanos a postrarnos en tierra ante ti?"

El sueño de este hombre se hizo realidad a pesar de los obstáculos que le pusieron las personas de su mismo hogar. Solo podemos imaginar lo difícil que debe ser para un padre saber que no fue inspiración para uno de sus hijos, sino un gran obstáculo. Lo mismo sucede entre la pareja matrimonial cuando uno no se hace parte de el sueño del otro.

Robert - Nosotros nos apoyamos mutuamente para que los sueños de ambos puedan realizarse. Uno de esos sueños fue el que Marta estudiara alta costura. A ella le gusta mucho el arte del buen vestir y a mí me gusta que ella siempre se sienta feliz por como luce. Así que yo estuve aportando para ese sueño. Además, de que me conviene porque me sale más económico si ella se hace su propia ropa que si va a una boutique a comprarla. Nos estimulamos mutuamente como predicadores, emprendedores, padres y ahora en esta nueva etapa de abuelos. De igual forma, se puede ver cómo juntos trabajamos el sueño del ministerio que ya por casi tres décadas compartimos.

Si algo deben hacer las parejas es soñar. Sueña y estimula a tu pareja a soñar también. Sueños juntos y sueños individuales que bendigan la relación de pareja. Soñar por definición es "imaginar cosas o sucesos que se perciben como reales mientras se duerme o cuando de manera despierta nos desprendemos de nuestra realidad".

El cuerpo humano segrega diversas hormonas que provocan diferentes tipos de sensaciones en nuestros cuerpos, algunas de ellas nocivas y otras muy beneficiosas. No voy a entrar en los términos científicos de las mismas, pero sí deseo explicar dos vertientes que debemos conocer para sacar el mejor provecho de nuestro paso por la vida y nuestra capacidad de disfrutar en pareja. Existen las hormonas de la felicidad, estas nos ayudan a amar, a estar motivados, a sentir placer, a tener un buen estado de ánimo, a estar tranquilos y relajados, y por supuesto a sentir felicidad. Hay otras hormonas que se segregan cuando estamos estresados, cansados o expuestos a situaciones negativas que, si no las entendemos y atendemos, pueden

provocar en nuestras vidas un estado prolongado de tristeza, ansiedad y hasta depresión. Nunca deberíamos robarnos la capacidad de desprendernos de la realidad para dedicar un tiempo para soñar. El hábito de hacerlo producirá en nuestras vidas un placer extraordinario. Soñar nos permite alimentar nuestros cuerpos con las hormonas correctas y soñar en pareja nos da una sobredosis de vida y felicidad.

Llevamos 18 años viviendo en la misma casa, y aunque tengo que admitir que somos de las personas que nos gusta invertir nuestro dinero en experiencias más que en posesiones, no es menos cierto que a través de los años hemos soñado con hacerle varios arreglos a nuestro hogar. Algunos los hemos materializado y otros todavía no. Uno de esos que todavía no hemos hecho realidad es construir una terraza en el patio para pasar tiempo al aire libre. No es que no hayamos tenido las finanzas para hacerlo, pero hemos decidido utilizarlas en otras cosas que hemos estimado más importantes. A lo que vamos es que no sé si en algún momento de nuestras vidas construiremos la terraza, pero les aseguro que ya en nuestros sueños nos hemos sentados en ella, hemos leído en ella, hemos tomado sol en ella, hemos conversado en ella, hemos tomado siestas en ella, en fin la hemos disfrutado como si ya la tuviéramos. Eso es lo que provoca soñar.

Imagina lo poderoso que sería si ambos decidimos soñar junto al otro. Más allá de acumular logros, que de seguro van a llegar, es el estado de bienestar que cultivamos como pareja cuando nos permitimos soñar. Existe una satisfacción especial cuando sientes que alguien comparte tus sueños y que no estás solo(a) en tu aspiración de vida.

Tarea: Escriban una lista individual de sus sueños y luego escojan cuales de estos pueden hacer juntos. Se sorprenderán de los logros que tendrán, pero más que eso de lo feliz que serán soñando.

Prometo amarte todos los días de mi vida

Sentir amor en una temporada de la vida, no es suficiente. El verdadero amor no es un sentimiento que aparece y desaparece de repente; no existe tal cosa como "ya no te amo", lo que si existe es "decidí amar a alguien o a algo más que a ti". Es dura esta aseveración, pero es real.

"Un verdadero hombre no es aquel que enamora a mil mujeres, sino aquel que es capaz de enamorar mil veces a la misma mujer". Autor desconocido

"El que ha conocido solo a su mujer y la ha amado, sabe más de mujeres que el que ha conocido mil".

León Tolstoi

Amar es una actitud que se cultiva con el tiempo, dando constantemente, día a día. El verdadero significado del amor es: dar. Dar es la clave para que sientas amor. El amor no es un sentimiento, es una decisión. En el matrimonio debemos elegir amar al otro todos los días y no amar a nada ni nadie por encima de el o ella. Como pareja cristiana hemos elegido amar solo a Dios por encima del uno al otro y todos los días reforzamos nuestra decisión en nuestras mentes y corazones.

Sí, hay días en los cuales lo tenemos que recordar con mayor intensidad, pues existen situaciones que nos han incomodado, asuntos externos que tientan con desenfocarnos. Alcanzar 30 años casados no se logra al azar, se requiere esfuerzo, enfoque, pero sobre todo y principalmente, haber tomado la decisión mutua de amarnos toda la vida.

La mayor expresión de amor demostrada se encuentra en el evangelio de Juan capítulo 3, verso 16: "Porque de tal manera amó Dios al mundo, que ha dado a su Hijo unigénito, para que todo aquel que en él cree, no se pierda, mas tenga vida eterna".

En la versión Traducción Lenguaje Actual se lee de la siguiente manera: "Dios amó tanto a la gente de este mundo, que me entregó a mí, que soy su único Hijo, para que todo el que crea en mí no muera, sino que tenga vida eterna".

Amar es dar, es entregarse. Pero el problema más frecuente que vemos en las parejas es que estamos esperando que sea nuestro cónyuge el que nos dé y que sea el otro el que

se entregue primero. Es común entre la pareja que constantemente se escuchen frases como: "tú no me atiendes", "tú no me entiendes", "tú no me apoyas", "tú no me respaldas", "tú no me acaricias", "tú no me dices". En lugar de mirarlo de esta perspectiva: "¿te estoy atendiendo como debería?", "¿estoy poniéndome en tu lugar?", "¿te apoyo en tus sueños y metas?", "¿empatizo contigo?", "¿soy tierno(a) contigo?", "¿te digo constantemente cuánto te amo y cuán importante eres para mí?". Comenzamos a cultivar amor cuando pensamos en lo que yo puedo dar en lugar de lo que yo pueda recibir.

Cuando entramos en una relación matrimonial, nos estamos comprometiendo a amar a alguien tanto como te amas a ti mismo. Ese compromiso lo vemos claro en la palabra del Señor en Efesios 5:31 que dice "por esto dejará el hombre a su padre y a su madre, y se unirá a su mujer, y los dos serán una sola carne".

Aquí una explicación más clara de "una sola carne":

"Si a una persona le está dando problemas un bien material (un televisor, un refrigerador o su auto, etc...) y se dificulta su reparación, procede a cambiarlo por uno nuevo.

Por otra parte, si sufre un daño severo en un miembro de su cuerpo, por ejemplo, un dedo, pierna, brazo o cualquier otro y corre riesgo de amputación, hace hasta lo imposible con tal de no perder el miembro dañado. Esta segunda situación es la que expresa el verdadero significado de "una sola carne".

Lamentablemente, ante los problemas en las relaciones de pareja, hay quienes actúan conforme a la primera situación y tratan su relación como cualquier artefacto material. Al enfrentar dificultad, no luchan con todo su ser por salvarla, por el contrario, más temprano que tarde, proceden a cambiarla por una pareja nueva.

La Biblia en Efesios 5:28-29 dice: "Así también deben amar los maridos a sus mujeres, como a sus propios cuerpos. El que ama a su mujer, a sí mismo se ama. Porque nadie aborreció jamás su propio cuerpo, sino que lo sustenta y lo cuida". Esta palabra profundiza aún más el alcance de "una sola carne". Ello significa que ya no somos dos, al unirnos en matrimonio pasamos a ser uno en vez de dos.

Si en algún momento nos parecemos a Dios es cuando amamos, porque Dios es amor. Él mismo nos pide: "Amados, amémonos unos a otros; porque el amor es de Dios. Todo aquel que ama, es nacido de Dios, y conoce a Dios. El que no ama, no ha conocido a Dios; porque Dios es amor. Y nosotros hemos conocido y creído el amor que Dios tiene para con nosotros. Dios es amor; y el que permanece en amor,

permanece en Dios, y Dios en él. Si alguno dice: Yo amo a Dios, y aborrece a su hermano, es mentiroso. Pues el que no ama a su hermano a quien ha visto, ¿cómo puede amar a Dios a quien no ha visto? Y nosotros tenemos este

mandamiento de él: El que ama a Dios, ame también a su hermano." (1 Juan 4:7-8, 16, 20-21)

Solo alguien que decide amar diariamente puede hacer cosas extraordinarias. Un matrimonio en el que ambos escogen amar diariamente está destinado para la grandeza. El libro de 1 Corintios, capítulo 13, versos 1-10 nos habla de la importancia de tener amor. Según este pasaje bíblico, el amor enfrenta muchos de retos como: envidia, rencor, coraje, sacrificios, paciencia, egoísmos y contra todos ellos el amor sale vencedor.

Tarea: Diariamente hay que recordarnos que nos amamos. En uno de los congresos de nuestro ministerio Él Dice, Ella Dice, nuestros pastores Otoniel y Omayra Font nos enseñaron una técnica que desde ese día practicamos. Todos los días a las 10:28 am. tenemos una alarma en el celular que nos recuerda enviarnos mutuamente un mensaje de texto dejándonos saber cuánto nos amamos y cuan bendecidos somos de tenernos el uno al otro. Lo hacemos a esa hora ya que nuestra fecha de casamiento fue octubre (10) veintiocho (28) de 1989.

De acuerdo al día de su aniversario, pongan una alarma en sus celulares y todos los días recuérdense cuánto se aman.

Prometo hablarte y escucharte

Comunicar pensamientos, temores, experiencias, metas, sueños, ideas, conflictos o desacuerdos y cualquier asunto de diario vivir, es una de las necesidades básicas del ser humano. Y conocer ese principio nos lleva a entender que las mujeres y los hombres se comunican de manera diferente.

A las mujeres, en la mayoría de los casos, les gusta dar detalles, hacer cuentos. La mayoría tal vez nunca publique un libro, pero estoy segura que sus hijos y nietos confirmarán lo creativas que son las mujeres al hablar y al contar cualquier historia, muchas de ellas dignas de una novela. No es que a los hombres no les guste comunicarse, pero su preferencia es hacerlo de una manera diferente. El hombre, en la mayoría de los casos, es directo (en Puerto Rico le decimos "van a grano") dicen lo que piensan sin mucho adorno.

La situación comienza cuando nos permitimos pensar que hay algo más detrás de los estilos y actuamos sin verificar si hay o no hay razones ocultas. Es cuando el hombre piensa cosas como: "¿pero alguna vez mi esposa llegará al punto de

lo que me quiere decir?, "habla solo por hablar" o "bendito Dios, dímelo rápido que quiero ver televisión", "lo está haciendo a propósito para que yo no pueda ver el juego". Es cuando la mujer piensa cosas como: "este nunca muestra interés en las cosas que le digo", "yo no debo importarle" o "me estará ocultando cosas, porque casi no me habla". Es darle color a algo que no necesariamente lo tiene y que en la mayoría de los casos se trata de no entender la diferencia de comunicación entre hombres y mujeres.

Lamentablemente muchas parejas se rinden, antes de entender las diferencias de estilos entre los hombres y las mujeres, en especial cuando se trata de la comunicación. En términos psicológicos, en la mayoría de los casos la mujer se expresa de forma <u>abierta</u>, ella ofrece muchos datos relevantes e irrelevantes sobre lo que está comunicando. Pero así es ella, no quiere dejar ningún detalle sin mencionar. El hombre por el contrario se comunica en forma <u>cerrada</u>, él dice exactamente lo que quiere decir, sin más. El problema está cuando ella quiere que él sea como ella y viceversa.

Nota aclaratoria: hay casos en que es el hombre quien se comunica más y ella menos.

Nosotros hemos aprendido a tomar nuestras diferencias como fortalezas. Cuando comunicamos algo, sea entre nosotros, a nuestra familia, a nuestra congregación o a nuestra audiencia semanal en los programas de Él Dice, Ella Dice, ambos nos damos el espacio de comunicarlo como somos. Robert dice las cosas directas y Marta dice las cosas con más historias y ejemplos. Respetamos nuestras diferencias, las celebramos y todos son beneficiados por eso.

Esto nos lleva a la contraparte de expresarnos, la importancia de *escucharnos*.

Prometo escucharte. Cuando entendemos que nos expresamos en forma diferente, podremos practicar una de las claves que mantienen a más matrimonios juntos y felices; Voy a aprender a escuchar. Oír no es lo mismo que escuchar. Escuchar requiere interés, intención y entrega. Es saber que a mi receptor le interesa lo que le estoy diciendo y está presente en la conversación.

Para esto son importantes dos cosas:
1. Aprender a escuchar
2. Escoger el momento de hablar

Aprender a escuchar, es algo que se practica. Es obligar a tu mente a no divagar mientras te hablan. Es empatizar con el que está comunicando, tratando de ver las cosas primero

desde su punto de vista, antes de emitir comentario o respuesta alguna. Stephen R. Covey en su libro "Los 7 hábitos de la gente altamente efectiva" menciona: "Los 5 niveles de escuchar":

1. *Ignorar lo que estoy escuchando.* Este se debe evitar a toda costa, pues estaremos enviando el mensaje a nuestra pareja de que no me interesa lo que estás diciendo. Es peligroso ya que te aleja, y mucho, desde el punto de vista emocional.

2. *Cuando se simula escuchar.* Se aprende a hacer los movimientos y gestos adecuados y dicen cosas como ¡que tremendo! en el momento correcto. Pero no hay conexión.

3. *Escuchar selectivamente.* Entiende, pero tiene la cabeza en sus propios asuntos.

4. *Escuchar atentamente.* Dar plena atención con total sinceridad. Requiere mucha energía, pero seguimos en la cabeza.

5. *Escuchar con empatía.* Salirnos de nosotros, colocarnos en el lugar del otro. No se toma posición. Escuchar con empatía solo busca comprender, no responder.

Si aprender a escuchar es importante, más importante es saber *cuándo y cómo hablar*. Es cierto que la mayoría de las conversaciones diarias entre la pareja son triviales y sin mayor importancia, existen otras que son determinantes

para aspectos importantes del matrimonio. Por ejemplo, si van a hablar de situaciones o problemas de los hijos, finanzas, salud o su relación, separen un tiempo en el que puedan hablar sin interrupciones, en privado y calmados. Hay parejas que tocan cualquier tema, en cualquier lugar y en cualquier momento. Es fácil entender por qué tienen tantos problemas de comunicación. No se debe hablar de situaciones importantes en lugares no importantes. A nadie más le debe importar sus asuntos privados, no hable de sus problemas matrimoniales en la fila del banco, ¡por amor a Dios!

También hablar cuando estamos cansados o en momentos de emociones fuertes no es lo más inteligente. Necesitamos una mente tranquila para poder resolver con mayor claridad.

Finalmente, aprendamos a trabajar un tema a la vez. Es mejor tener más conversaciones y no una que cuando terminemos de hablar pareciera que nos ha pasado una guerra mundial por encima. Esto implica resistir la tentación de traer asuntos ya discutidos a nuevas conversaciones y querer resolver a la mayor de nuestras capacidades cada asunto. Nunca debemos dejar asuntos en el aire y sin resolver. Si no pueden resolverlo solos, busquen la ayuda necesaria para hacerlo antes que un pequeño problema crezca tanto que sea más difícil o imposible de resolver. Y si

ya un asunto está resuelto, dejémoslo en el pasado. Un tema a la vez nos dará a ambos la ventaja de que juntos somos mayoría frente al problema. Recuerda que tu cónyuge es tu aliado, no tu enemigo.

Jesús nos dejó un principio poderoso cuando dijo: "El que tiene oídos para oír, oiga." (Mateo 11:15). También lo vemos en: "Si alguno tiene oído, oiga" (Apocalipsis 13:9)

Hay personas que teniendo oídos no oyen. Según Ciara Molina, en su libro "Emociones expresadas, emociones superadas" explica la diferencia entre oír y escuchar de la siguiente manera:

"**Oír** se hace de manera pasiva, se trata simplemente de percibir vibraciones de sonido. No es más que un aspecto fisiológico relacionado con las sensaciones. En cambio, **escuchar** implica, además de oír, interpretar lo que se oye. Se trata de la capacidad de captar el mensaje en toda su amplitud, no solo prestando atención a lo que se percibe verbalmente, sino también a lo que observamos a través de la comunicación no verbal, tono de voz y lenguaje corporal de la persona que habla. Podemos decir entonces que se trata de entender, comprender y dar sentido a lo que se oye".

Prometo nunca dejar de tocarte

El profesor Henry Castellanos, nos enseñó en una de nuestras clases de maestría en consejería familiar que el despegue emocional era precedido del despegue físico y no al revés. Nos compartió que aunque él y su esposa estuvieran enojados, como regla inquebrantable nunca se soltaban las manos al caminar. Eso nos producía mucha gracia en la clase, pero después entendimos, lo poderoso de esa práctica. Al día de hoy, en 30 años de matrimonio, nuestros enojos no son frecuentes, pero cuando los hay, procuramos no dejar de abrazarnos y besarnos. El 100% de las veces el coraje dura menos y la situación no logra crear una brecha entre nosotros.

"La emoción sigue a la acción y no la acción a la emoción".

Las primeras veces que practicamos el arte de no dejar de tocarnos, nos parecía ridículo. Lo menos que deseábamos en ese momento era vernos, menos tocarnos. La realidad fue que lo hacíamos por obediencia y por el principio. Ya cuando nos pasa lo que nos causa es gracia, porque sabemos que estar enojados el uno con el otro es una pérdida de tiempo. Vivimos una sola vida y, en la mayoría de los casos, nos casamos con la persona que amamos y que deseamos vivir juntos hasta el fin de nuestros días, así que el tiempo que permanezcamos desconectados por coraje le roba al plan de vida que tenemos.

La emoción sigue a la acción y no la acción a la emoción. Cuando no estamos casados debemos vencer la tentación de practicar las relaciones sexuales que están diseñadas para el compromiso del matrimonio. Ese es el estado de una relación que es inmadura, es decirle que no a una acción a causa de una emoción. Cuando estamos casados tenemos que vencer una tentación diferente; no practicar las relaciones sexuales que están diseñadas para el compromiso del matrimonio. Es cuando tomamos por sentado que nuestras parejas ya están aseguradas y que no necesitamos hacer nada más al respecto. Esta trampa es una de las que ha destruido a muchos matrimonios. Cuando la acción se deteriora, la emoción le pisa los talones. No es que se haya acabado el amor, sino que dejé de hacer las cosas que mantenían encendida su llama.

Cuando le dijiste que sí a él o a ella ante un altar, juzgado o en la forma en que lo hayas hecho, a la misma vez le dijiste que no a todos(a) las demás. Así que prometimos practicar el matrimonio y la mejor cosa que puede pasar en un matrimonio que no debería pasar en ninguna otra relación es el tener el permiso de tocarnos donde queramos y cuando queramos.

En la película "Sweet Home Alabama" los protagonista cierran la historia de la siguiente manera:

Jake - ¿Por qué quieres casarte conmigo?

Melanie - ¡Para besarte cada vez que yo quiera!

Tarea: Dile a tu pareja dónde te gusta y dónde no te gusta que te toquen, también dile de qué manera. Las caricias que nos agradan las podremos disfrutar mejor. Hagan un hábito de tocarse diariamente y cuantas veces quieran. La Palabra del Señor dice: *"Ni él ni ella son dueños de su propio cuerpo, sino que son el uno para el otro". (1 Corintios 7:4)*

Prometo pelear limpio

¡Nos casamos para pelear! Parecerá contradictorio esta aseveración, pero es real. El que diga que nunca ha discutido con su pareja sencillamente es MENTIROSO(A).

Nos casamos para pelear, por esa razón necesitamos aprender a pelear limpio. En todas las culturas existen deportes de lucha física, nos gusten o no, los practiquemos o no, los patrocinemos o no, existen. Todos ellos tienen reglas y la más importante de ella es pelear limpio. Por ejemplo, el boxeo tiene como regla: no pegar del cinturón hacia abajo, no morder, no patear, entre otras. Usamos este ejemplo no porque promovamos los golpes entre la pareja (de hecho los desaprobamos cien por ciento), sino para probar el punto de que entre las parejas toda pelea debe tener reglas.

> *"En el matrimonio, los dos ganan o los dos pierden".*

Estas son las que nosotros utilizamos, y esperamos que les sirvan de ayuda y guía.

1. _Nunca atacamos a la persona, sino al problema._ Muchas veces recibimos en consejería tanto hombres como mujeres que expresan estar dolidos porque su pareja les dice cosas como: "eres un bruto(a)", "eres una vaga(o)", "eres puerco(a), "sucio(a), "descuidado(a)", "eres imbécil", "eres un fracaso". La manera correcta sería: "Esa acción no fue la más inteligente, podrías haber hecho un tanto más de lo que hiciste porque tienes el potencial", "me gustaría que asearas mejor tal o cual área" o "dime cómo puedo ayudarte a que esto mejore, creo que tienes el potencial para hacer mejor trabajo", "tal vez esto no fue un éxito y no salió como pensábamos, pero aprendimos a cómo no hacerlo la próxima vez". Estas son maneras de cómo se ataca a la situación y no a la persona.

2. _Nunca nos ofendemos, ni nos insultamos._ Si es triste y humillante que alguien particular nos insulte y ofenda, cuanto más doloroso es que lo haga la persona que dice amarnos más que a ninguna persona en esta vida. Resistamos la tentación de ofender y lastimar a nuestra pareja.

3. _Nunca hablamos hasta que se nos pasa el coraje._ No practicamos el castigo del silencio, pero tampoco hablamos bajo una fuerte emoción de coraje. El coraje nubla el entendimiento y siempre decimos cosas de las cuales nos arrepentimos después.

4. _Siempre escuchamos la versión del otro._ Toda historia tiene por lo menos dos versiones. Y todas las versiones tienen siempre un grado de verdad y un grado de error. Debemos entender que cuando se discute en pareja no se hace para buscar un ganador, se hace para que ambos le ganen al problema. En el matrimonio los dos ganan o los dos pierden.

5. _Siempre perdonamos._ Perdonar y olvidar van de la mano, lo que no es requerido es quedarte para aguantar repeticiones de abusos. El perdón es la clave para permanecer juntos a pesar de las diferencias. Cuando nosotros discutimos, lo hacemos con la conciencia de que al cierre nos vamos a perdonar y dar la oportunidad de cambiar cualquier conducta que sea nociva para nuestra relación.

La Palabra del Señor nos exhorta en Efesios 4:26 TLA: "Si se enojan, no permitan que eso los haga pecar. El enojo no debe durarles todo el día".

Tratemos en la manera que nos sea posible de no llegar a la cama con coraje. Tal vez la situación por la que están atravesando no se resuelva en un solo día, pero deben esforzarse por hacer pausas en los conflictos para ir haciendo las paces.

Hubo un tiempo en que las discusiones en nuestro matrimonio eran más frecuentes, parecía que estábamos en desacuerdo en muchas cosas. La realidad es que todos los matrimonios pasan por esta etapa en especial al principio de este. Esto sucede porque ambos deseamos establecer

el estilo que aprendimos de nuestros hogares o lugares de crianza. A medida que pasaba el tiempo y como no teníamos este libro para ayudarnos, nos fuimos dando cuenta de que la única manera de estar de acuerdo era estableciendo nuestras propias reglas y nuestro propio estilo. No en balde dice la Biblia: "Por eso el hombre tiene que dejar a su padre y a su madre para casarse y vivir con su mujer". (Marcos 10:7 TLA) Dejar no significa abandonar a la persona, pero sí a sus estilos para poder vivir con su pareja.

Después de entender esto la mayoría de los desacuerdos prácticamente desaparecieron, aprender este principio, ha llevado a nuestra vida de pareja a ser una que tiene discusiones muy pocas veces.

"Prometo no pelear por todo". Existen cosas que se pueden resolver sin pelear. De hecho, utilizamos esta filosofía de vida cuando tenemos desacuerdos, de esta manera le damos la importancia que merece cada situación. Esto nos ha llevado a tener una relación en la que pelear es la excepción y no la norma.

Tarea: Déjale saber a tu pareja qué cosas se dicen en una discusión que consideras como un "golpe bajo" hacia ti. La próxima vez que discutan con su pareja pregúntense, ¿es esta pelea digna de ser peleada o es tonta y la podemos resolver sin discutir?

Prometo tener detalles diarios

¿Qué fue lo que nos enamoró de nuestra pareja? Si somos honestos una vez pasada la atracción física, lo que nos mantiene enamorados son los pequeños y cotidianos detalles que tenemos mutuamente.

Una de las quejas que más parejas tienen luego de casados es precisamente la merma en la intención de los detalles que tenemos el uno con el otro. Lo maravilloso de los pequeños detalles es que lo más que nos cuestan es tener la creatividad y la intención. Ambas cosas nos dejan saber que nuestra pareja está pensando en nosotros y que dedica tiempo en buscar la forma de agradarnos.

Recordemos la etapa de noviazgo, las llamadas telefónicas interminables jugando a no enganchar la llamada, las postales que nos dábamos cada vez que cumplíamos semanas o meses de novios, el ahorrar para comprar un peluche para el día de los enamorados, el invitarlo(a) a tu casa para prepararle su comida favorita (aunque no seas diestro(a) en la cocina). En fin, los pequeños detalles demuestran esfuerzo, intención, preparación y hasta sacrificio.

Al pasar de los años y la comodidad de ya tener "asegurada" a tu pareja, perdemos los detalles que hicieron de la relación una de enamoramiento. De hecho, toda relación tiene esas acciones en "sus comienzos". Dios mismo le reclama a sus hijos: "Pero tengo contra ti, que has dejado tu primer amor." (Apocalipsis 2:4 RVR1960)

Teníamos detalles al principio de nuestras relaciones que provocaron que esta creciera, ahora debemos procurar mantener ese principio en nuestras vidas matrimoniales. Sé que habrá personas que dirán: "no necesito pequeños detalles porque todos los años celebro nuestro aniversario", o "nos vamos de viaje de vacaciones" o "le compro una joya para su cumpleaños" y, aunque eso es bueno y muy necesario, no debemos tener detalles con nuestra pareja solo tres veces al año. Los pequeños detalles nos ayudan a mantener de forma constante la llama del enamoramiento encendida. De la misma manera que alimentamos diariamente nuestros cuerpos con comida, los constantes y

"Tenemos detalles al principio de nuestras relaciones que provocaron que esta creciera, ahora debemos procurar mantener ese principio en nuestras vidas matrimoniales".

pequeños detalles alimentarán nuestra relación y la mantendrán viva, fuerte y saludable.

Te exhorto a que te des a la tarea de volver conocer a tu pareja e inventes maneras de cómo puedes agradarle con pequeños, pero constantes detalles.

Tarea: Aquí algunas ideas que no cuestan mucho, pero
)ducen en grande:

Hombre hacia mujer:
• Mensajes de texto románticos
• Desayuno en la cama
• Lavar los platos sucios
• Ofrecer cuidar los hijos para que ella salga con amigas o
·aya a tomar un masaje.
• Llega un día con flores (un día que no sea ni el día de su
:umpleaños, día de la madre, aniversario) que sea solo porque
;í.
• Una salida al cine o a cenar
• Dedícale una canción

Mujer hacia hombre
• Mensajes de textos pícaros (clasificados SPM Solo Para
Matrimonio")
• Desayuno en la cama
• Preparar su comida favorita y enviar a los hijos a cuidar
para tener una noche romántica.
• Comprarle 2 boletos de un juego deportivo para que vaya
:on un amigo.

Prometo ponerme en tus zapatos

Si en algún tipo de relación debemos empatizar es precisamente en el matrimonio. Una de las principales razones por las cuales hoy día se le huye al compromiso del matrimonio es especialmente por la desconexión que existe en ver las cosas desde el punto de vista del otro. Vamos a la relación de pareja a buscar que nos hagan felices, a recibir y ser tratados como nos gusta, en vez de ir a hacer feliz, a tratar bien y darle a nuestro ser amado lo que le gusta. No debe sorprendernos que los más jóvenes vean con desconexión el contrato matrimonial si los ejemplos que han tenido, especialmente de la pasada generación, están alterados y enfocados en el "yo" y no en el "nosotros", y cuando se atiende el "tú" es para culpar a nuestra pareja de no dar el grado requerido para permanecer juntos.

Ponerme en los zapatos de alguien requiere esfuerzo por conocer quién eres, qué te hace feliz, por qué eres como eres, por qué te gustan las cosas que te gustan, etc. No es algo que salga de la nada, no es fácil ni sencillo, pero es vital para triunfar en nuestra relación.

Haz lo que le gusta a tu pareja, no le hagas lo que le disgusta. No conocer y reconocer esos detalles te va a costar un alto precio.

Marta - Nuestra primera noche de bodas fue interesante, Robert viene de una familia en donde hacerse cosquillas era algo divertido y se practicaba con la mayor naturalidad, de hecho, se promovía como algo bueno para hacer en familia. Yo, por el contrario, tenía una muy mala experiencia con las cosquillas. Mi padre desde muy pequeña me hacía tantas cosquillas que le imploraba que me dejara, pero eso no lo detenía. Sentía que me faltaba el aire, lloraba y hasta me hacía necesidades biológicas encima. Para mí las cosquillas significaban tortura y abuso.

Imagínense esa primera noche de casados, ambos nerviosos y ansiosos por lo que estaba a punto de suceder, cuando para "romper el hielo" Robert (como ya tenía permiso de tocar mi cuerpo como esposo) se le ocurrió hacerme cosquillas. Les cuento que por poco nos divorciamos el mismo día en que nos casamos.

Esa noche marcó para nosotros una de las claves más importante de nuestro matrimonio, pues comprendimos que necesitábamos aprender mucho más el uno del otro. Descubrimos que el camino de conocernos a penas comenzaba y nos prometimos mutuamente que en la medida que nos conociéramos íbamos a hacer lo que nos gustara y a no hacer lo que nos disgustara. Esta ha sido una de las claves que nos han mantenido juntos todos estos años. Y si, hemos descubierto muchas cosas que nos gustan y otras que nos disgustan. De hecho, hay algunas que han mutado de gustar a no gustar y de no gustar a gustar. Pero lo que es seguro, es el compromiso que nos hicimos el uno al otro de conocernos para empatizar y agradarnos mutuamente.

Tarea: Hágase la siguiente pregunta: ¿Cómo reaccionaría si me hicieran algo que me agrada o algo que me desagrada? De acuerdo a su respuesta; en los casos de agrado, provoque esas emociones en su cónyuge, y en los casos de desagrado, evite esas emociones en su cónyuge. De ser necesario y no estar seguro de cómo una acción o actitud tuya afecta a tu pareja, comunícaselo y pregúntale.

Prometo mirarte siempre desde lo que me atrae

Hay varios refranes que dicen: "La belleza se encuentra en los ojos del que la mira". "La belleza es subjetiva". "La suerte de la fea, la bonita la desea".

Cuando se trata de relaciones cada cual tiene su particularidad y su estilo. Estamos seguros que conoce a parejas que para usted no hace sentido que estén juntos. Y otros que usted pensaría que serían perfectos el uno para el otro y nunca llegan a nada. La respuesta es sencilla: ¡no a todos le atraen las mismas cosas!

Lo importante en esta ecuación es ATRACCIÓN.

"El problema está en el enfoque. Cuando dejo de mirar a mi pareja desde lo que me atrae y comienzo a darle cabida a mirarla desde lo que me disgusta".

¿Qué fue lo que te atrajo de tu pareja? Su físico, su forma de ser, la forma de ver la vida, lo que tenían en común, en lo que eran diferentes, como trata a su familia, como trata a tu familia, lo hogareño(a), lo fiestero, su espiritualidad; y como estas pudiéramos mencionar decenas de razones. El problema está en el enfoque, es cuando dejamos de mirar a nuestra pareja desde lo que nos atrae y comenzamos a darle cabida a mirarle desde lo que nos desagrada.

No tenemos el 100% en común con nadie y nadie va a tener todas las cualidades que nos gustan, necesitamos aceptar esa realidad no para descuidarnos y permitirnos bajar el nivel de superación que cada cual debe de tener al pensar ya lo(a) conquisté y ahora no me tengo que esforzar por atraerle, pero tampoco con la presión de ser perfecto(a) en cada aspecto de lo que le gusta a mi pareja. Las mujeres en especial se auto imponen unos estándares inalcanzables de ser perfectas en todas las áreas, al punto de dejar de ser ellas mismas para no arriesgarse a perder a su hombre, sin darse cuenta que esto es insostenible. Les recomendamos ver la película "Runaway Bride".

Habiendo establecido este punto, veamos la contraparte. Nosotros decidimos enfocarnos en lo que nos gusta de nuestra pareja no en lo que nos disgusta. Si constantemente elegimos enfocarnos en lo que nos gusta, nuestras relaciones tendrán mayor probabilidad de éxito, a parte de que es un muy buen hábito para proteger nuestros matrimonios de la infidelidad. Por el contrario, si nuestro hábito es enfocarnos en lo que nos desagrada, no pasará mucho tiempo en que el hastío y el desamor toquen a la puerta.

Hubo una pareja que estaban cansados de vivir en su casa actual. Siempre se quejaban de su ubicación, la cual era retirada del centro de la ciudad y había que manejar hacia todos lados, también de los arreglos que había que hacerle, del tamaño de la misma, de que el mantenimiento de las áreas verdes era demasiado, de que los vecinos eran muy entrometidos, en fin, querían salir lo más pronto posible de aquel lugar. Así que contrataron a un corredor de bienes raíces para que vendiera su casa y les consiguiera un mejor lugar, que no tuviera los problemas que veían en su residencia actual y que para salir de ella podía ofrecerla con descuento.

De inmediato el corredor se puso en marcha para darle a sus clientes exactamente lo que ellos buscaban. La próxima semana la pareja recibió el listado con la descripción de cada casa que había disponible para ellos elegir lo que sería su nuevo hogar.

La más que les llamo la atención leía: *"Hermosa residencia ubicada en un lugar de paz y tranquilidad, dentro de una comunidad alegre y servicial, a solo unos minutos podrá acceder en automóvil a la ciudad repleta de amenidades, con gran potencial para remodelación y sobre todo un magnífico jardín que te hará sentir en un paraíso. Lo mejor es que se venderá a un precio por debajo de tasación".*

La pareja estaba muy entusiasmada para ver la residencia de sus sueños, así que llamaron al corredor para que

coordinara la cita. El corredor asombrado por la llamada de la pareja les dijo: "Esa es su casa".

Cuantas veces miramos a nuestra pareja sin analizar todas las cosas positivas que tiene y reaccionamos a veces muy tarde cuando la hemos perdido y ahora le vemos a través de los ojos de otro(a) que lo supo apreciar.

Tarea: Prepara una lista de todas las cosas que te gustan de tu pareja y ponla en un lugar visible. Cada vez que veas algo que no te gusta, corre a leer tu lista. De seguro encontraras más razones para seguir juntos y enamorados.

Prometo negociar contigo para que ambos ganemos

En los negocios existe un término que se conoce como "ganar - ganar". Es en donde ambas partes del negocio ganan a partes iguales, aunque no necesariamente lo mismo. Por ejemplo, cuando compramos un producto que pensamos que es de alta calidad y por ende pagamos un precio alto por él, pero resulta ser de baja calidad, sentimos que perdimos en relación a la inversión en la que incurrimos, esa no es una relación de "ganar-ganar", sino de "ganar-perder". Cuántas veces uno de los dos en la pareja se siente frecuentemente en esta posición: "siento que doy más de lo que recibo a cambio". Y, aunque habrá momentos en nuestra vida de pareja en las que tendremos que ceder algo por el bien de la relación, no es menos cierto que no debe ser siempre la misma persona la que ceda. De esa premisa nace lo que nosotros hemos llamado nuestras "Reuniones de Negocios".

"El matrimonio es la empresa más importante que una persona tiene y debe tratarla con tal importancia".

El matrimonio es la empresa mas importante que una pareja tiene, y debe tratarla con tal importancia. Vemos tanto hombres como mujeres esforzándose en sus vidas laborales, trabajando duro para tener éxito profesional y financiero, y no dedican el mismo esmero a lo que hará que puedan disfrutar cualquier éxito.

Mateo 16:26 | "De nada vale tener todo el mundo y perder la vida. Nadie puede pagar lo suficiente para recuperar su vida".

Hay cosas en esta vida que se pueden arreglar solo con dinero, pero un matrimonio sano y feliz no es una de esas cosas. Al matrimonio hay que dedicarle tiempo y esfuerzo. Lo que toda pareja debería entender es que el matrimonio es un negocio de dos mundos que se convierten en uno, por lo tanto, las antiguas reglas de vida necesitan ser renegociadas por nuevas que se ajusten mejor a la etapa de vida que estemos viviendo. No son las mismas reglas para todos los matrimonios, ni son estáticas.

Cuando nosotros estábamos recién casados una de nuestras reglas era que no importaba si habíamos hecho planes o no, si uno de los dos deseaba salir, así fuera solo a dar una vuelta, aunque estuviéramos con pijamas puestas, el otro se vestía y salíamos. Esto lo hacíamos porque deseábamos ser espontáneos. No sucedía con tanta frecuencia, pero ambos sabíamos que era una posibilidad. La verdad es que tenemos recuerdos muy amenos y divertidos de esa etapa de nuestras vidas.

El momento en que nació nuestra primera hija, tuvimos que renegociar este aspecto. Luego de tres hijas, hemos renegociado este aspecto varias veces. Pero lo más importante es que sabemos que la mesa de negociaciones en nuestro hogar, siempre está abierta.

Necesitamos negociar y renegociar todo en nuestra relación, finanzas, crianza de hijos, cómo vamos a servirle a Dios y en dónde, relación con las familias de ambos, vacaciones, pasatiempos, comidas, tiempo a solas, tiempo juntos, y todo lo que puedan pensar, debe tener la capacidad de ser negociado. Lo más importante es hacerlo con respeto y hablar siempre considerando que es tu ser amado con quien estás en esta maravillosa aventura. Una de las conductas que más afectó y aún afecta a muchos matrimonios, es que las decisiones las tome una sola de las partes. En relación a los hombres latinos, lamentablemente muchos fueron mal enseñados con conceptos como: "soy el que manda en la casa y se hace lo que yo diga". Y a muchas mujer se le enseñó incorrectamente a que su opinión no contaba. Sabemos que hay excepciones, en donde mujeres por diferentes situaciones vividas, decidieron llevar solamente ellas la voz cantante, sin permitirle a sus esposos que aportaran a las decisiones, y hombres que deciden mantenerse callados para

"evitar" problemas con su esposa. Si algo hemos aprendido en estos 30 años de casados es a respetar nuestras formas de pensar para poder negociar y tomar juntos las mejores decisiones. Ahí se encuentra el gran poder del acuerdo.

Como siempre decimos al finalizar nuestros programas: "NO ES LO QUE ÉL DICE, NI LO QUE ELLA DICE, SINO LO QUE NOSOTROS DECIMOS".

Tarea: Establezcan reuniones de negocios. Pueden ser semanales, mensuales o simplemente cada vez que se amerita una negociación. En ellas llevarán a la mesa asuntos como: presupuestos, proyectos a emprender, situaciones con hijos o familia extendida, agendas, arreglos a la vivienda y cualquier otro asunto que requiera que ambos tomen decisiones para dirigir a su familia hacia adelante.

Prometo coherencia

Alguna vez has escuchado los refranes que dicen: "Hablas alto y vives bajo"; "Tus acciones no me permiten escuchar tus palabras" o "Hablas mucho y haces poco". Nuestro yerno Carlos Lemuel cuando las acciones y las palabras no concuerdan, pregunta: "¿Cuáles son tus intenciones?" En especial cuando su esposa (nuestra hija mayor) dice que lo está defendiendo de alguna broma que le estemos haciendo, pero en realidad ella nos ayuda más a nosotros que a él. ¡Ja, ja, ja!

Esto es un asunto muy delicado ya que cuando se experimentan conflictos en el matrimonio, al principio trae confusión a la otra parte si nuestra pareja dice una cosa, pero hace otra. Dice que te ama, pero te engaña, dice que te ama, pero te golpea, dice que protege a su familia, pero derrocha el dinero viciosamente.

Una de las anclas más poderosas de toda relación es la COHERENCIA. Por definición: "Cualidad de la persona coherente o que actúa en consecuencia con sus ideas o con lo que expresa".

La Biblia le llama a una persona incoherente: "de doble ánimo o que duda".

Santiago 1:8 RV 1960 | "El hombre de doble ánimo es inconstante en todos sus caminos".

Santiago 1:8 PDT | "pues el que duda es inestable en todo lo que hace".

Cuando nuestras acciones no están alineadas con nuestras palabras, nuestra relación comenzará a deteriorase inevitablemente, hasta llegar al lamentable punto de la disolución.

Santiago 5:12 | "Pero sobre todo, hermanos míos, no juren por el cielo ni por la tierra, ni hagan ningún otro tipo de juramento para probar lo que dicen. Cuando digan «sí» que signifique «sí» y cuando digan «no» que signifique «no», para que no sean juzgados por Dios".

Si decimos sí, que nuestras acciones sean de sí, y si decimos no, que nuestras acciones sean de no. Conocemos un caso de un matrimonio que por más de veinte años el esposo le ha prometido a la esposa un cambio. Ambos son muy buenas personas, pero él ha tomado muchísimas malas decisiones financieras, es irresponsable, promete y no cumple. Ella ha estado a punto del divorcio en múltiples ocasiones, pero él logra convencerla con mucha palabrería que lamentablemente luego no cumple. Actualmente

desconocemos si están juntos o separados, lo que sabemos es que de estarlo definitivamente no son felices.

Nosotros decimos que mejor me digas te amo con tus acciones más que con tus palabras. Esto no quiere decir que las palabras no son importantes, pero, ¿de qué valen palabras bonitas y acciones feas?

Debería ser "sentido común" (el cual no es el más común de los sentidos) que nuestras palabras y nuestras acciones envíen el mismo mensaje.

Tarea: Cada uno individual, evalúe si sus acciones están alineadas con sus palabras y viceversa. Luego identifíquelas en dos listas. En la primera lista ponga las que usted entiende que están coherentes y en la segunda las que usted entiende que existe incoherencia. Cuando estén completadas las listas de ambos, intercambien sus listas y verifiquen si:

1. Están de acuerdo o desacuerdo con los puntos expresados por su pareja.

2. Verifique si existe alguna acción/palabra que debería estar en cualquiera de las dos listas, y de no estar, escríbalas. Recuerde que todo lo que hagamos debe provenir de un lugar de amor y paz. Si están molestos no trabajen con las listas hasta que se les vaya el coraje.

Luego:

1. Ore y presente al Señor la lista de su pareja, pidiéndole que toque los corazones de ambos para mejorar y entréguela de vuelta.

2. Separen un tiempo privado para discutir sus listas. Si en algún momento durante la reunión se molestan, pongan pausa a la conversación, oren, cálmense y luego prosigan (aunque sea en otro momento).

3. Cuando terminen, mírense a los ojos con amor y prométanse que se esforzarán para alcanzar coherencia.

Recuerden que todo proceso mientras se da, tiene altas y bajas, así que ténganse paciencia.

Prometo cuidar nuestra intimidad

Nosotros creemos firmemente que se debe esperar hasta el matrimonio para tener relaciones sexuales íntimas. La razón de nuestra postura es que la intimidad solo se debe dar luego del compromiso. El matrimonio, aunque en nuestra época ha sido devaluado por interpretarse como innecesario para que una pareja se entregue mutua y fielmente el uno al otro, es el medio o vehículo que nos dice que frente a Dios y los hombres ahora somos una familia.

> *"La tentación del no casado es: tengamos sexo. La tentación del casado es: no tengamos sexo. En ambas el problema es la ignorancia".*

La legalidad del matrimonio provee unas seguridades a ambos en la pareja, que no se darían si la unión fuera no legalizada. Nos asombra la cantidad de personas que eligen la relación informal porque no desean el compromiso. Creo que es hora de llamar las cosas como son y que dejemos las excusas ante un tema tan importante como lo es el compromiso y la seguridad que ofrecemos a nuestras familias y comunidades cuando decidimos casarnos ante Dios y el Estado.

Dejando esto establecido, una de las tentaciones más feroces que enfrentan las parejas es el tema de la sexualidad. Me asombra que lo seres humanos reconocemos que lo que nos diferencia de los animales es nuestra capacidad de razonar, vamos a la escuela a aprender y nos pasamos nuestras vidas aprendiendo para tener una profesión y ganar dinero para sobrevivir, pero algunos tienen relaciones sexuales como los animales, por "instinto e ignorancia".

Creemos que como todo en la vida el acto sexual tiene una ciencia, que por supuesto se debería aprender antes de la práctica. Existen muchas fuentes buenas (no pornográficas) que pueden ayudar muchísimo a las parejas a entender y realmente disfrutar su intimidad, libros, seminarios y médicos especializados en explicar todo lo que conlleva la relación íntima para que no tengamos que disfrutarlas a medias o practicarlas incorrectamente.

La tentación del no casado es: "TENGAMOS SEXO".
La tentación del casado es: "NO TENGAMOS SEXO".
En ambas el problema es LA IGNORANCIA.

Ignoran que el sexo es algo reservado para una unión exclusiva y comprometida, que cuente con la bendición de Dios, y los que reconocen esto ignoran que como todo en la vida, hay que aprender a cómo tener sexo para poder disfrutarlo.

Las películas y series de televisión nos han vendido un concepto equivocado de las relaciones sexuales. Dejemos a un lado que solo nos presentan el sexo como si fuese insignificante y que lo podremos tener casualmente con cualquiera, mire el impacto de una relación sexual expuesto en la siguiente escritura: *"¿No saben ustedes que cuando un hombre se une con una prostituta, se hacen los dos un solo cuerpo? Pues la Escritura dice: «Los dos serán como una sola persona.»"* (1 Corintios 6:16 DHH94) Es bien claro lo que ocurre cuando tienes una relación sexual porque no solo se trata de una unión física, sino emocional y espiritual.

Lo que pretendemos con el pasado párrafo es que entiendas que la realidad puede ser muchísimo mejor que la fantasía. Hay personas que se niegan a tener sexo con sus cónyuges solo porque no se parece a lo que vieron en TV, sin saber que con el conocimiento correcto, todos sus encuentros íntimos pueden ser 100% disfrutados.

El sexo se lo inventó Dios y Él no hace nada malo ni mediocre. *"Por esa razón el hombre deja a su papá y a su mamá, se une a su esposa y los dos se convierten en un solo ser"*. (Génesis 2:24) Esta escritura nos deja saber que dejar la comodidad y la seguridad del hogar para unirnos con nuestra pareja es mejor. La complicidad que se produce al unirnos corporalmente a nuestro cónyuge provocará la mejor conexión que podrás experimentar naturalmente. Ya no son dos, ahora son uno.

Es importante que dediquen tiempo a aprender sobre su sexualidad como pareja y nunca dejar de aprender juntos. Recuerda que los cuerpos cambian, las edades aumentan, las condiciones de vida transicionan, pero no por eso debemos descuidar nuestra intimidad. De hecho, está científicamente comprobado que el cuerpo del hombre y de la mujer están diseñados para satisfacerse mutuamente con el paso de los años.

Tarea: Les recomendamos leer juntos los libros: "El Acto Matrimonial" y "El Acto Matrimonial después de los 40" de Tim y Beverly LaHaye. Son muy buenos recursos para que aprendan el porqué Dios se inventó esta maravilla llamada intimidad.

Prometo ser siempre tres

La palabra matrimonio se divide en tres sílabas ma-tri-monio, lo que significa "la unión de tres".

Dios es el componente más importante de esta trilogía para que la relación funcione. Imagínese una silla de tres patas, ¿qué pasaría si le falta una? Muchos dirán: obvio, se cae. Pero, ¿por qué no les parece tan obvio que si Dios no está en nuestros matrimonios, el matrimonio fracase? Sencillo, no se lo enseñaron o decidieron ignorarlo.

"Cuando una pareja no solo se consulta entre ellos, sino que aprenden a contar con Dios siempre y para todo, de seguro Dios abrirá caminos, soluciones y oportunidades que de otro modo permanecerían ocultos".

Eclesiastés 4:12 | *"Y si alguno prevaleciere contra **uno**, **dos** le resistirán; y cordón de **tres** dobleces no se rompe pronto"*.

Este verso muestra claramente el poder de matrimonio; uno solo = vulnerable, dos = resistente y tres = inquebrantable. Cuando Dios está en la ecuación serán invencibles.

Cuando una pareja no solo se consulta entre ellos, sino que aprenden a contar con Dios siempre y para todo, de seguro Dios abrirá caminos, soluciones y oportunidades que de otro modo permanecerían ocultos.

Orar juntos y orar el uno por el otro, les dará a ambos la seguridad de tomar siempre decisiones que carguen la bendición de Dios. Está comprobado que las parejas que asisten a la iglesia juntas, tienen mayor porcentaje de éxito y longevidad que los que no asisten o solo uno de ellos asiste. Dios desea ser parte de nuestra relación para poder bendecirla. Dios no debe ser un socio silente en nuestro matrimonio. ¡SEAMOS TRES!

Tarea: Practiquen la oración de acuerdo (juntos), pidiéndole al Señor que les revele Sus planes para ustedes y su familia e invitando a Dios a bendecir sus proyectos y a darles sabiduría para cualquier decisión que necesiten tomar.

Practiquen el servicio al Señor dentro de la iglesia. No tiene que ser necesariamente en la misma tarea, pero preferiblemente debe ser en la misma iglesia. Las familias que sirven al Señor unidas tienen 87% de mayor probabilidad de mantenerse unidas y exitosas.

Prometo que todo es de los dos

Cuando nos íbamos a casar, una persona nos dio uno de los mejores consejos que hasta ahora nos ha salvado muchísimas dificultades y roces. Nos sentaron y nos dijeron: "De ahora en adelante en su casa hay un solo bolsillo". Parece sencillo, pero realmente es muy poderoso.

Hacemos la salvedad de que reconocemos que por ciertas particularidades existen parejas que contraen nupcias con algunas disposiciones legales para que, por ejemplo, las finanzas reservadas para los hijos de relaciones anteriores estén protegidas, o por cualquier otra situación familiar. Esto no debería significar que una vez casados, funcionemos como un solo bolsillo.

La mayoría de los problemas matrimoniales que atendemos es precisamente por el manejo inadecuado de las finanzas familiares. Es cuando van diciendo: "esto es mío, yo lo trabajé", "yo pago tal cosa y tú tal otra:", "si no te da, no me pidas" o "tú gasta tu dinero como quieras, pero no hagas planes con lo míos". Ni se imaginan la desconexión que este solo aspecto impone en la pareja.

Nuestra recomendación sobre este particular es que veas a tu pareja como tu socio y cuan beneficioso es saber manejar las finanzas juntos. Ignorar la ciencia de cómo manejar el dinero es lo que mantiene a tantas personas con ansiedad, incertidumbre y desesperanza. Un día aprendimos que es más próspero el que le sobran $100 todos los meses luego de pagar sus obligaciones, que el que le faltan $100 para cumplir, no importa cuanto gane. ¿Cuál es el problema? No saben hacer un presupuesto ni vivir por él.

Un presupuesto saludable es aquel que te da la oportunidad de pagar por tus cosas y te brinda un margen sobrante para, mínimo, ahorrar. Existen muchísimos recursos para aprender a manejar finanzas básicas, les recomendamos que ambos aprendan. Es muy probable que

se pongan de acuerdo sobre cual de los dos va a manejar ciertos aspectos como; hacer pagos, hacer la compra de víveres, balancear las cuentas, etc. Pero esto no significa que solo uno sepa lo que hay y cómo se distribuye.

Vivimos en el siglo 21, donde ambos trabajamos dentro y fuera del hogar y por tal razón ambos necesitamos saber lo que hay, cuánto llega a nuestras arcas familiares, cómo se manejan y hacia dónde deseamos llegar, para que vayamos hacia el mismo lado y juntos podamos alcanzar las metas propuestas con nuestro presupuesto.

Hace un tiempo vimos el dolor de una viuda, que por no tener el conocimiento de los asuntos financieros de su esposo, al este morir, no solo sufrió la pérdida de su ser amado, sino que tuvo que luchar para poder organizar su vida financiera. Cuando somos claros con nuestras finanzas estaremos no solo protegiendo nuestro presente y futuro juntos, sino también estaremos protegiendo a nuestro ser amado cuando ya no estemos.

Lo más importante es tener un solo bolsillo en el que ambos guarden, inviertan y gasten. Al hacer esto experimentarán un mejor grado de propósito y de rumbo en su familia.

Tarea: Tengan una reunión de negocio en donde preparen un presupuesto familiar real y vivan por él.
Oren por sus finanzas y juntos honren a Dios con sus diezmos y ofrendas.

Prometo pedirte perdón y perdonarte

Los errores en su mayoría viene a causa de la ignorancia, el descuido y la insensatez. En el matrimonio vamos a cometer muchos errores, no por eso significa que no amamos a nuestra pareja o que deseamos hacerle mal. El perdón es la herramienta que Dios nos dejó para restaurar. Perdonar y olvidar son la clave para poder pasar la página y continuar con nuestra relación, no solo con el menor daño posible, sino con la capacidad de poder obtener una mejor relación.

La Palabra del Señor nos enseña en Miqueas 7:19 "Tendrá otra vez compasión de nosotros, perdonará nuestras culpas y arrojará todos nuestros pecados a las oscuras profundidades del mar".

Lucas 17:3-4 |"¡Tengan cuidado! Si tu hermano peca, repréndelo; y si está dispuesto a cambiar, perdónalo. Si tu hermano te hace algo malo siete veces en un día y viene siete veces y te dice: "Lo lamento, perdóname, perdónalo".

"Olvidar no significa amnesia, significa que le quitas el dolor y la carga emocional al suceso para que lo puedan utilizar como aprendizaje y no como arma".

Esto no es una licencia para ofender, hacer lo incorrecto o lastimar conscientemente, es el conocimiento de que por errar no tenemos que echarlo todo por la borda. La clave para el perdón es el arrepentimiento. La palabra arrepentimiento viene de la palabra en griego *metanoeo* que significa "cambio de mente", "regreso", "ir hacia atrás". Significa que, dada la oportunidad, no lo volvería a hacer jamás de la misma forma.

Nosotros nos hemos tenido que perdonar muchas cosas, como toda pareja, porque no somos perfectos. Lo que tenemos muy claro en nuestras mentes es que no lo hacemos premeditadamente ni abusando del perdón. Perdona a tu pareja como quieres que te perdone a ti. Olvidar no significa amnesia, significa que le quitas el dolor y la carga emocional al suceso para que lo puedan utilizar como aprendizaje y no como arma.

Nuestro amigo Bernardo Stamateas explica este principio que va perfectamente con el punto que queremos establecer: "Nuestra vida matrimonial está compuesta de alegrías y tristezas de cosas buenas y malas, de experiencias positivas y experiencias negativas. El problema es cuando esas experiencias negativas determinan nuestra manera de ver el matrimonio".

Los recuerdos lindos hay que aprenderlos a revivir *afectivamente*. Al recordarlos experimentamos emociones lindas, por ejemplo: cuando nacieron nuestras hijas y el día de nuestra boda. Los éxitos y aciertos que hemos tenido deben producir en nosotros buenas sensaciones.

Por el contrario, los recuerdos malos tenemos que recordarlos racionalmente. Esto significa preguntarnos; ¿Qué me enseñaron? ¿Qué aprendimos? De cuando discutimos, de cuando tuvimos malos entendidos o para algunos, eventos vividos en relaciones anteriores que no deberíamos arrastrar a nuestra relación actual. El perdón nos habilita para poder dar o quitar la carga emocional a los sucesos de forma correcta. Los buenos recuerdos hay que revivirlos afectivamente, y los malos recuerdos hay que recordarlos racionalmente. Si el error te enseña es tu amigo y si no te enseña es tu enemigo.

El perdonar a nuestra pareja y sanar es como cuando tenemos una cicatriz en el cuerpo, la marca sigue ahí, pero no nos duele y nos enseña a no volver a herirnos de la misma forma. Una señal de que hemos perdonado y hemos sanado es, cuando en momentos de presión, no lo traemos a la conversación.

Tarea: Perdona a tu pareja de una vez y por todas. Por cosas que ya pasaron aunque haya pedido perdón o no. Procura como meta caminar en perdón todos los días en lugar de buscar razones por las cuales estar ofendido(a).

Prometo transparencia

Existe un término legal conocido como "Divulgación completa". Este concepto aplicado a la pareja es vital para crear una confianza profunda, lo que producirá que el amor, el respeto y complicidad como pareja sean saludables.

La transparencia es indispensable para poder avanzar como pareja. Al matrimonio nosotros lo llamamos "equipo", concepto que nos ha permitido entender que ""o ganamos los dos o perdemos los dos" y que no existe tal cosa en el matrimonio como que uno gana y el otro pierde. Esa es la razón más importante de la transparencia. Cuando conozco a mi pareja, sé lo que le agrada y desagrada, sus aciertos y desaciertos, su pasado, sus sueños, sus anhelos, sus desgracias, sus virtudes y defectos, por lo tanto, estaremos mejor preparados para acoplarnos y vencer.

Ni se imaginan cuantas veces hemos escuchado esta frase en consejería: "¿Porqué no me lo habías dicho antes? Esto ante la sorpresa de un cónyuge que vino a enterarse en consejería asuntos de su pareja que de haberlos sabido antes, se hubieran evitado muchos conflictos. Ocultarle a nuestra pareja asuntos que nos afectaron en nuestro desarrollo, luchas con alguna adicción, experiencias traumáticas vividas en el pasado, maltratos, violencias o cualquier asunto neurálgico para la convivencia, pone en riesgo el éxito de la relación. Entendemos que hay cosas muy delicadas que se deben compartir con sabiduría y tal vez hasta bajo supervisión de un profesional, pero es importante que nuestra pareja nos conozca bien.

No estamos proponiendo que usted le diga cosas a su pareja que provoque comparaciones, o que le comparta detalles de sus intimidades con parejas anteriores (si las hubo). De lo que se trata es que su pareja le conozca y que entre ambos haya la certeza de que al abrir sus corazones van a ser amados y podrán construir algo maravilloso juntos.

En la relación de pareja no solo debemos practicar el no ocultarnos nada, sino el no mentirnos. Hay personas que piensan que no mienten cuando cuentan parte de la verdad o ajustan los sucesos para contarlos a conveniencia. Nosotros les hemos enseñado a nuestras hijas: "si no quieres que algo se sepa, no lo hagas, porque si lo haces, se va a saber". Este principio es importante para vivir la vida con menos cosas por la cuales lamentarse, pero si ya lo hiciste, cuéntalo tal y cual pasó, de lo contrario cuando la verdad salga a la luz (porque siempre va a salir), su confianza se mantendrá intacta. Es mejor saber la verdad, aunque me duela, que vivir en una mentira. "Porque no hay nada oculto que no haya de ser manifestado; ni escondido, que no haya de salir a luz". (Marcos 4:22 RVR1960)

Tarea: Si hay cosas que no le haz contado a tu pareja, te invitamos a que lo hagas. Si no sabes cómo hacerlo, te recomendamos que busques ayuda profesional y terapéutica para primero vencer esa atadura y que puedas compartirlo con tu pareja desde un lugar seguro y de sanidad. Promete decir la verdad, solo la verdad y nada más que la verdad.

Prometo amar a los tuyos

Toda pareja necesita saber que se compromete no solo con la persona, sino con toda su familia. Somos lo que en buen puertorriqueño decimos "un solo paquete". Nuestro cónyuge viene con toda su familia, con sus amistades y con todo aquel que de una forma u otra afectó positiva o negativamente su vida. Somos un paquete.

El tipo de familia que hayamos tenido durante nuestra crianza, determinará en gran medida cómo somos. Generalmente existen dos tipos de familia: "Las <u>pegajosas</u>" y "las <u>despegadas</u>". Si en su caso tienen características de ambas, necesitan identificar hacia cual de ellas se inclinan más.

LAS PEGAJOSAS: todo lo hacen juntos, todos se entremeten en los asuntos de todos, todos saben la vida de todos, la familia se mueve en bloque, si te peleas con uno, te peleas con todos.

LAS DESPEGADAS: todo lo hacen por separado, cada cual hace lo que quiere sin que a nadie le importe, son sumamente privados, no permiten que les invadan su espacio, no piden ayuda, aunque la necesiten.

Esto ni es bueno, ni es malo, simplemente es.

Las situaciones comienzan cuando se unen en un nuevo matrimonio y ahora tienen que tomar decisiones de cómo van a ser ellos como una nueva familia. Por ejemplo: si se casan dos pegajosos, tendrán que lidiar con cosas tales como: ¿con quién vamos a celebrar los días festivos?, ¿con quién vamos a comer el domingo?, ¿por qué le dijiste primero a tu mamá antes que a mí?, ¿tendremos que vacacionar siempre junto a tu familia? ¿quién cuidará con más frecuencia de nuestros hijos?, entre otras.

> *"Toda pareja necesita saber que se compromete no solo con la persona, sino con toda su familia".*

Si se casan dos despegados tendrán que lidiar con posibles asuntos tales como: "unirse y trabajar para ser una pareja unida" porque como no lo tuvieron necesitan aprender juntos para poder lograrlo, o dado a que ambos vienen de familias despegadas, "les cuesta compartir", "hablan poco, todo lo hacen separado".

Si se casan uno pegajoso y uno despegado tendrán que lidiar con cosas como: ¿Por qué tenemos que ir tanto a casa

de tus padres? ¿Por qué necesitamos unir nuestras finanzas? ¿Por qué te tengo que decir en dónde estoy y para dónde voy? ¿Por qué no quieres compartir con mi familia? ¿Por qué quieres salir tanto solo(a)?

No importa de qué tipo de familia sean ustedes, lo importante es saber que sus familias y los suyos siempre serán una parte importante de su vida y ahora en la vida de su cónyuge. Mostramos amor cuando amamos a las personas importantes en la vida de nuestra pareja. No se trata de no diferir, sino de amar no importa qué.

Recomendación: Si hay algún desacuerdo con alguien de la familia del cónyuge, lo mejor siempre será que cada cual se comunique con su respectiva familia. Así protegeremos a nuestra pareja y la relación se mantendrá sana.

Tarea: Miren de entre las listas de cualidades de las familias "pegajosas y despegadas" con cuales se identifican de acuerdo a la manera que fueron educados. Luego decidan cuales de ellas ustedes desean repetir para crear su familia única. Recuerden que siempre el balance es mejor. De no poder ponerse de acuerdo, siempre pueden buscar ayuda de un tercero imparcial, preferiblemente un profesional.

Prometo educar a nuestros hijos juntos

Ser un equipo implica unidad. Nos hemos encontrado en más de una ocasión hombres desconectados de la crianza de sus hijos, pensando que es labor primordial de la mujer. En otras ocasiones hemos identificado que es la mujer la que no le ha dado el espacio a su esposo para que ocupe el rol importante de ser co-educador de sus hijos. Ambos tienen un papel que desempeñar y ambos son igualmente importantes y necesarios.

Cuando vamos añadiendo integrantes a este núcleo es indispensable que ambos ocupemos el rol que nos corresponde. Los hijos procreados en el matrimonio, con ambos padres comprometidos en su desarrollo tienen mayor probabilidad de crecer siendo personas más fuertes y con mejor estabilidad.

Sabemos que existen algunos modelos familiares que han quedado alterados, por la muerte de uno o ambos padres, por divorcios o diferentes situaciones. Reconocemos que en todo tipo de modelos familiares podemos educar personas balanceadas y de éxito. Además, estamos de acuerdo que educar no es tarea fácil. Mucho menos si los que tienen que criar son abuelos o parientes, que aún con el mayor amor del mundo, no podrán, por más que lo deseen, hacer lo que solo un padre y una madre biológica sanos pueden ofrecer.

Creemos en la adopción al 100%, pero aún los padres adoptivos tienen que lidiar con asuntos adicionales para que estas maravillosas personitas puedan desarrollarse con las menores heridas posibles. Lamentablemente en la época en que vivimos se ha intentado tergiversar el concepto familia. Entendemos el concepto de darle amor a niños que tal vez de otro modo se criarían en un sistema deficiente, pero creemos que la adopción debería tener el componente de familia balanceada para el mejor resultado posible. No deberíamos pensar bajo el concepto de "no es lo mejor, pero es mejor que nada".

Todos en nuestras vidas necesitamos los "roces correctos". ¿Qué son los roces correctos? Son las acciones saludables de una persona con el sexo opuesto y con el mismo sexo. Estudiando casos clínicos de personas con alguna disociación de su ser, en la mayoría de los casos existe evidencia de que tuvieron los roces incorrectos. Conocemos de primera mano personas luchando con el homosexualismo a causa de violaciones recibidas en etapas tempranas por personas de su mismo sexo. También casos de promiscuidad a causa de violaciones provocadas por personas del sexo opuesto. Es vital como matrimonio que seamos feroces en proteger a nuestros hijos juntos y brindarle los roces correctos y sanos a cada uno de ellos.

En nuestro hogar hemos procreado tres hermosas hijas. Actualmente, una de ellas está casada y con hijos, las otras dos todavía viven en casa. No nos asombra verlas desenvolverse correcta y sanamente con varones y con hembras, porque hicimos el trabajo juntos. En el caso de Robert, a parte de llevarlas a la iglesia y enseñarles la Palabra de Dios, frecuentemente tiene citas con cada una de ellas. Ellas valoran esa experiencia en sus corazones. Él las lleva de forma exclusiva y por separado. En la cita él es todo un caballero, les abre la puerta del auto, les saca la silla de la mesa, las toma de la mano, las complace en el lugar a donde ellas quieran ir, les habla y las escucha (eso implica que durante ese tiempo no se atienden llamadas telefónicas, ni siquiera de la esposa ja, ja, ja). En fin, él les modela cómo es que un verdadero hombre debe tratar a una mujer.

En el caso de Marta, ella les modela cómo se debe comportar una dama, la ven darse valor, ser una buena esposa, ser aseada, a estudiar y cada vez prepararse mejor para alcanzar sus metas, ser

> *"Voces unidas y frentes unidos son clave para desarrollar hijos balanceados".*

emprendedoras, ser la socia de su padre, a comportarse adecuadamente en diversas situaciones, a amar a sus hijas, entregarse en cuerpo y alma a que amen al Señor y a que sepan darse el lugar que Dios diseñó para ellas. Por tal razón, no nos asombra que nuestra hija mayor haya escogido como su esposo a Carlos Lemuel, y sea tan excelente madre de Mila, Carlos y Theo. Por eso, no nos asombra que Victoria haya esperado hasta los 21 años para aceptar su noviazgo, y tampoco nos asombra que Andrea Sofía tenga los estándares que tiene en relación a lo que será su futuro novio/esposo.

Voces unidas y frentes unidos son clave para desarrollar hijos balanceados. No les robemos a nuestros hijos esta bendición, dejando que solo uno lleve la voz cantante en la crianza de ellos. Es imperativo que el matrimonio se ponga de acuerdo primero en cuales son los valores importantes que querrán impregnar en sus hijos y luego trabajen juntos para conseguirlo.

Les compartimos lo que para nosotros son los valores no negociables en la formación de nuestras hijas:
- Que sepan que Dios las ama INCONDICIONALMENTE.
- Que amen a Dios sobre todas las cosas y que sirvan en Su iglesia.
- A tener fe en Dios.
- A amarse ellas mismas y respetar sus cuerpos.
- A tratar a todos con respeto.
- A ser valientes.

- A ser emprendedoras.
- A creer en ellas y en la capacidad que Dios les ha dado.
- A desarrollarse al máximo.
- A tener amor propio.
- A nunca conformarse con nada que no fuera lo excelente.
- A soñar en grande siempre.
- A nunca delegar su definición en las manos de nadie que no fueran ellas.
- A que supieran que nuestro amor hacia ellas es INCONDICIONAL.
- A escoger bien sus parejas.
- A enseñar aún mejor a sus generaciones.

Tarea: Analicen cuan comprometidos están ambos en la crianza de sus hijos y hagan los ajustes necesarios para que como un equipo bendigan su legado.

Prometo sembrar juntos las semillas correctas

Hay un verso de la Biblia que se cita básicamente a diario en nuestra casa, Gálatas 6:7. Marta lo usa en los mensajes de texto constantemente cuando alguno de nosotros no notifica cuando llegó a algún lugar, reportando que todo está bien. Ese verso lee de la siguiente manera: *"No se engañen ustedes mismos, porque de Dios no se burla nadie. Uno cosecha lo que siembra"*. Les hemos enseñado a nuestras hijas que sus hijos les van a hacer 100 veces lo que ellas nos hagan a nosotros. Por supuesto que lo hacemos en forma jocosa, pero no deja de ser la verdad. *"Isaac sembró en aquella tierra, y cosechó aquel año ciento por uno. Y el SEÑOR lo bendijo"*. (Génesis 26:12) Vamos a cosechar cien por uno de lo que sembremos.

Como parejas necesitamos entender que semillas son: palabras, acciones y finanzas. "No sembrarás tu viña con dos clases de semilla, no sea que todo el fruto de la semilla que hayas sembrado y el producto de la viña queden inservibles" (Deuteronomio 22:9).

Nuestras **palabras** tienen poder espiritual. Imagínense que la salvación, que es el mayor regalo de Dios a la humanidad se obtiene por "decir", *"que si confesares con tu boca que Jesús es el Señor, y creyeres en tu corazón que Dios le levantó de los muertos, serás salvo"*. (Romanos 10:9 RVR1960) Lo que decimos y mas como pareja tiene un enorme potencial. La Biblia lo llama el poder de ponerse de acuerdo; *"Si dos andan juntos, ¿no es porque se han puesto de acuerdo?"* (Amós 3:3 PDT)   Andar juntos significa que vamos hacia el mismo lugar, por lo tanto necesitamos hablar de modo que lo que digamos produzca el resultado deseado.

Nuestras acciones determinarán en gran parte los resultados que obtengamos. Si donde están hoy como pareja no te está enviando un mensaje de aprobación, debes revisar tus acciones, y ajustarlas. ¿Desean un mejor futuro? Identifiquen cuales son las acciones correspondientes que hoy lo provocarán.

> *"Tus logros deben enviarte un mensaje de aprobación".*
> Vladimir Rivas

Nuestras finanzas sembradas en buena tierra son la llave para vivir en abundancia. "El SEÑOR Todopoderoso dice: «Traigan todos los diezmos al granero del templo y así habrá alimentos en mi casa. Pónganme a prueba en esto y vean si no abro las ventanas del cielo para derramar sobre ustedes una lluvia de bendiciones hasta que les sobre de todo". (Malaquías 3:10 PDT)

Cuando sembramos finanzas ocupándonos en la casa de Dios, el Señor se pondrá en la posición de bendecir nuestras casas. Dios tiene el poder de hacer que todo nuestro trabajo produzca más de lo que naturalmente debiera. "Ahora pues, dice el SEÑOR Todopoderoso: «Piensen bien lo que están haciendo. Ustedes siembran mucho pero es poco lo que cosechan, comen pero no quedan satisfechos, beben pero no les alcanza para saciarse, se visten pero no lo suficiente para abrigarse. Ganan dinero pero se les va como si tuvieran roto el bolsillo». El SEÑOR Todopoderoso dice: «Piensen bien lo que están haciendo. Vayan a las montañas y traigan madera para reconstruir el templo y yo mostraré mi buena voluntad a este templo y seré glorificado en él, dice el SEÑOR. Ustedes esperaban una gran cosecha pero les resultó muy escasa; luego cuando la almacenaron en sus casas, yo soplé e hice que se acabara rápido ¿Por qué? Pues mi casa está en ruinas mientras ustedes se dedican a las suyas, dice el SEÑOR Todopoderoso. Debido a eso, el cielo ha retenido la lluvia, y la tierra, sus frutos. Por eso he determinado que haya sequía sobre la tierra, las montañas, el trigo, la viña, el aceite, sobre todo lo que la tierra produce, sobre la gente, los animales y sobre todo su trabajo»". (Hageo 1:5-11 PDT)

Dios es bueno, Él es nuestro padre y como tal nos enseña la manera de obtener su favor divino. Y antes de que descarte esta aseveración, conteste la siguiente pregunta: ¿Cuándo fue la última vez que le compró o premió a alguno de sus hijos por desobedecer? Por no hacer lo que le corresponde en la casa o sacar una mala calificación. Supongo que contestó que NUNCA. Entonces, ¿qué le hace pensar que obtendrá el favor y la bendición de su Padre celestial si no hace lo que Él le ha pedido que haga? ¡SE TENÍA QUE DECIR Y SE DIJO!

En el matrimonio tenemos que ponernos de acuerdo de cuales son las palabras que vamos a hablar, las acciones que vamos a tener y las finanzas que vamos a dar y en el lugar en el que las vamos a dar, pues esto determinará los logros que vamos a tener.

Tarea: Los trapos sucios lávenlos en casa. Hagan un compromiso de cuidarse las espaldas delante de todo el mundo.

Prometo ser tu lugar seguro

Ámame a pesar de mí. Nadie es perfecto. Claro está que esto no justifica el que no podamos ser mejores cada día. Cuando discutimos el tema del perdón explicamos el concepto de superar los errores basándose en el arrepentimiento. En este consejo queremos enfocarnos en algo muy importante y que mucha gente dice que es difícil de enseñar, "LA DISCRECIÓN". Que mucho indiscreto(a) hay divulgando cosas a los cuatro vientos que lo único que logran es verse mal y exponer su relación ante personas que nada pueden aportar.

Cuando hablamos mal de alguien, el verdadero mensaje que estamos enviando es: "no me cuentes nada que no quieres que se sepa porque no soy una persona confiable". Imagínense, es aún peor estar ventilando sus interioridades como pareja. No sé si a usted le ha pasado, estar en un lugar en donde alguien está "tirando al medio" (frase boricua que significa; decir las cosas erróneas que hace alguien) a su pareja sin importar quien esté escuchando. Uno siente vergüenza ajena, es horrible. Esa persona piensa que haciendo esto le tomarán "pena" por el error que cometieron en su contra, pero el verdadero mensaje que está llevando es ¡no sé guardar mi lengua! Si hay alguna acción que se haya cometido en su contra por parte de su pareja, debe ser resuelto primero en privado, si no se resuelve, busquen ayuda profesional. Pero nunca debe promulgarlo ante cualquiera y mucho menos hablarlo a nuestros hijos o padres, buscando aliados.

Vivir en pareja sana, es ser los confidentes el uno del otro, sin temor a que se sepa fuera de nuestra intimidad. Sé mi guardaespaldas. ¡Lo que pasa en casa, se queda en casa! debe ser la premisa de todo pareja sana. Esto no significa no delatar abuso, fíjese que dije "pareja sana". Nos referimos a asuntos que de ninguna manera o forma son delitos, o ponen la vida de alguien en peligro.

"Ámame a pesar de mí. Nadie es perfecto".

Pero el estar ventilando detalles de nuestra intimidad a nuestras amistades, como cuánto dinero ganamos o tenemos, los defectos de nuestra pareja, sus costumbres, si discutimos o cuándo discutimos, entre otras muchas cosas es un !GRAN NO!.

Si algo debe proveer la relación matrimonial es presentarnos tal y cómo somos, que juntos trabajemos y mejoremos las cosas que ambos deseamos y aceptarnos mutuamente sin involucrar a personas que no tienen poder alguno para ayudar en nuestra relación.

Tarea: Actualicen o modifiquen su vocabulario. En vez de; "Si no cambias, me voy de la casa" vs. "me haría tan feliz si modificaras tal conducta, creo que esto provocaría que   discutiéramos menos". "Ya no te aguanto" vs. "Podrías esforzarte más para corregir...". "Eres un desastre, no se por qué me casé contigo" vs. "qué puedo hacer para que mejoremos nuestra relación". Y así haga con todas las demás que identifique.

Prometo vacaciones, vacaciones, vacaciones

Todos necesitamos un cambio de escenario de cuando en cuando, aunque debemos disfrutar constantemente. Vacacionar por definición es la suspensión temporal del trabajo, estudios y cualquier otra actividad habitual, para dedicarse al descanso.

Una de las actividades más divertidas que podemos practicar en pareja es planificar vacaciones y realizarlas. De hecho, cuando tenemos como filosofía de vida el tomar vacaciones regularmente, nos volvemos expertos en disfrutar también la planificación de las mismas y hasta a veces las disfrutamos más que las mismas vacaciones.

Toda pareja necesita dos tipos de vacaciones:

Las vacaciones familiares - Estas son las que planificamos para que toda la familia pueda disfrutar juntos. Nosotros nos esforzamos, para una vez al año, tomar tiempo para disfrutar con nuestra familia. Para nosotros esto es una prioridad, pues conocemos los beneficios que esto trae a nuestra familia. A parte del "descanso", las vacaciones familiares brindan un refrigerio a la rutina y nos permite desconectarnos de las presiones diarias y volver a conectarnos en el disfrute mutuo . Muchas personas dicen que no vacacionan porque no les alcanza el dinero para hacerlo, nosotros pensamos que no se esmeran, porque para ellos no es una prioridad y no se ponen creativos. Conocemos cientos de familias que se esfuerzan ahorrando y trabajando extra solo para darse sus vacaciones y otras que son muy creativas para lograrlo. Buscan ofertas, descuentos, intercambios, incluso conocemos personas que no ganan tanto dinero y siempre están vacacionando, es cuestión de prioridades.

"Una de las actividades más divertidas que podemos practicar en pareja es planificar vacaciones y realizarlas".

Las vacaciones a solas - Estas son las que tomamos como matrimonio, sin nadie más. Estas tal vez no puedan ser tan extensas como las familiares, debido a que involucra una planificación más detallada, en especial cuando tenemos hijos pequeños, pero dos o tres días a solas con tu pareja harán la gran diferencia. A muchas personas se les hace difícil el dejar a sus hijos para tomarse un descanso y hasta se sienten culpables de hacerlo, sin saber que lo mejor que ustedes pueden hacer por sus hijos es tomarse un tiempo de descanso, y trabajar en su relación.

Cuando tomamos vacaciones nuestros cuerpos son aliviados. Los ataques al corazón están relacionados en su mayoría al estrés. ¿Sabe cuál es una de las curas para el mismo? VACACIONES. Así que, si no lo hacen por convicción, hágalo por protección.

Tarea: Separe un porcentaje de sus ingresos, pídale a Dios sabiduría para tomar provecho de ofertas o descuentos, elimine cosas de su presupuesto que no son importantes o procure un ingreso adicional el cual destine para poder vacacionar. A fin de cuentas lo único que usted se llevará de esta vida son las experiencias vividas y cuanto disfrutó junto a los suyos.

Prometo no amenazarte

Una maestra le dijo a un estudiante que, por favor, se sentara en su asiento, a lo que el niño se negó rotundamente. La maestra volvió a insistir varias veces, con el mismo resultado. Ya cansada la maestra lo amenazó diciendo; si no te sientas te voy a poner un gran cero (o). El niño se sentó mientras le decía a su maestra: "por fuera estoy sentado, pero por dentro estoy parado".

Las amenazas nunca producen un buen resultado. Si no hacemos las cosas por convicción, difícilmente las haremos por opresión. Pregúntele a cualquier madre, a ver si verdaderamente logra modificar alguna conducta permanente de sus hijos bajo amenaza. Las amenazas funcionan hasta que el miedo desaparece. Si una pareja se amenaza constantemente con el divorcio o la separación, al principio el miedo al fracaso o la soledad, pareciera modificar la conducta, pero una vez nos percatamos que es una táctica de control, pierde efectividad y, peor aún, provoca mayor hostilidad.

"Nosotros hemos decidido que el divorcio no es parte de nuestras opciones".

Nosotros hemos decidido que el divorcio no es parte de nuestras opciones. Desde muy temprano en nuestra relación nos prometimos mutuamente que ninguno de los dos íbamos a amenazar al otro con la separación y que toda situación la trabajaríamos con eso en mente. Hace un tiempo alguien puso en las redes sociales una imagen de un matrimonio de viejitos que decía: "¿Cómo es que ustedes han durado tanto de casados? A lo que ellos respondieron: Porque en nuestra época lo que estaba dañado se arreglaba, no se echaba a la basura". Lamentablemente vivimos en una época donde la tolerancia ha disminuido drásticamente y el divorcio en vez de ser una tragedia, es la opción más fácil.

Reconocemos que hay veces que el divorcio es la solución a un problema en el cual se han agotado todas las opciones y ya no hay remedio, o si la vida de alguno de ellos corre peligro en las manos del otro. El abuso y el maltrato es inaceptable en cualquier situación. Si ya se han dado oportunidades de cambio, pero reincide, y no se busca ayuda terapéutica, ni se trabaja para la restauración del agresor y el agredido, entonces el divorcio es la solución, no antes.

Tarea: Según el método "Kaizen" (término utilizado en los negocios), mejorar un 1% cada día traerá grandísimos beneficios a nuestra vida. Si utilizáramos este principio en nuestra vida espiritual y alimentamos una fuerte relación con Dios a través de la oración individual y en pareja, nos ayudará a tener la perspectiva correcta de nuestro cónyuge.

Recuerda: La oración es el arma más poderosa que Dios nos ha dado para conectar con El.

Prometo no hacerte mi Dios

Siempre nos hemos dicho que somos los primeros y mejores "cheerleaders" el uno del otro. Pero desde que éramos novios hicimos un pacto de que jamás seríamos el dios del otro. Sencillamente porque Dios solo hay uno, la presión sería violenta y deterioraría nuestra relación.

Los extremos son malos. Ronnie VB Carrera en uno de sus video blogs dijo: "He comprobado que el mayor destructor de matrimonios no es la infidelidad, el mayor destructor de matrimonios es la idolatría. La idolatría es un pecado, muy pero muy grave. La idolatría es darle a una cosa, actividad o persona el lugar de Dios. Es una tentación constante de la fe. Consiste en divinizar lo que no es Dios. Hay idolatría desde el momento en que el hombre honra y reverencia a una criatura o cosa en lugar de Dios".

"Amar a alguien no significa amarse menos".

Después de Dios, nuestra pareja debe ocupar ese "primer" lugar, entendiendo que no podemos exigirle que nos dé todo

lo que necesitamos y que se olvide de el(ella). Tampoco debemos exigirle a nuestra pareja que seamos su todo. La clave es el balance. Seamos lo correcto el uno para el otro, y así viviéremos evitando conductas nocivas, que desean destruir nuestra relación.

Miremos ejemplos desbalanceados; estos se dan cuando lamentablemente uno o ambos no han trabajado con sus inseguridades y debilidades, o tal vez por tener un modelaje incorrecto.

❖ Cuando haces de tu pareja tu dios. Envías un mensaje de devaluación propia, yo no valgo tanto como tú, sin ti no soy nada, te necesito para existir, no tengo identidad propia, etc. Esto pone una carga inhumana sobre tu pareja. Pensamos que así le amamos más, cuando en realidad le ponemos en un lugar injusto, porque nadie puede darnos lo que solo Dios nos puede dar y nadie puede ser lo que solo Dios puede ser en nuestras vidas.

❖ Cuando te haces el dios de tu pareja. Nadie debe tener la potestad de aplastar, ni subyugar a nadie. Si tú o tu pareja intentan jugar a ser dios, para poder controlar, dominar o salvar a la pareja, de seguro le espera la cruz. En mi país hay un refrán que dice: "el que se mete a redentor, muere crucificado".

De hecho, se le llama PAREJA, porque debemos ser PAREJOS. Para poder amar, debes amarte primero. Nadie puede dar lo que no tiene, ni exigir lo que no puede dar. Amar a alguien no significa amarse menos. Toda relación debe tener unos ingredientes básicos para que esta sea intrínsecamente saludable; debe ayudarnos a crecer, debe haber respeto. Es para bendecir y no para lastimar, humillar, degradar. Es para estar igual o siempre mejor que lo que estábamos cuando solteros. No debe asfixiar. Debe ser de apoyo y estímulo. Es para hacernos ver la vida sanamente y con posibilidades. La relación es para sumarle a ambos.

Prometo conocerte

Creo que conocer el "Mapa de vida" ha sido uno de los éxitos más poderosos que hemos tenido como pareja. Saber el porqué somos como somos, por qué reaccionamos como reaccionamos, por qué tal o cual cosa es tan importante para ti es determinante para poder entender y conocer a nuestra pareja.

En el consejo de ponerme en tus zapatos, les contamos lo que nos sucedió en nuestra noche de bodas. Esto precisamente es un perfecto ejemplo de llegar a conocer a nuestra pareja al punto tal de modificar nuestras acciones con tal de no herir o lastimar a nuestro amor y también poder ser bendición para sanar aspectos importantes y dolorosos de su vida.

Felipe era un hombre violento, celoso, corajudo, impaciente, intolerante, perfeccionista, orgulloso, inteligente, abusador, manipulador, miedoso y altanero.

Fracasó en su primer matrimonio por sus conductas abusivas. Su esposa tuvo que huir con

los hijos de ambos, temiendo por sus vidas debido a su mal carácter y las golpizas que les proporcionaba. En su segundo matrimonio, que duró menos de un año, las conductas no cambiaron, sino que empeoraron. Su segunda esposa era mucho más atrevida y se enfrentaba a él, se golpeaban mutuamente. Lo más impresionante fue que se volvió a casa una tercera vez y su último matrimonio duró 53 años.

Entonces la pregunta: ¿qué cambió?

La verdad es que, al principio, no mucho. La tercera esposa era una mujer tan buena como las primeras dos, pero con un conocimiento mayor sobre la conducta humana. Ella descubrió que Felipe fue un bebé no deseado por su madre. Ella lo consideraba el culpable de dañar su esbelta figura y de no tener la libertad que poseía antes de ser madre. No era que ella no le mostraba un poco de cariño, pero la contraparte era feroz. Cuando de pequeño se comportaba mal, ella lo castigaba metiéndole en un armario oscuro por largas horas, llegaron a ser castigos de un día completo. Desde muy joven, Felipe estudió lejos de su casa y en las vacaciones lo enviaba por meses a casa de sus familiares fuera de su país. Felipe buscaba constantemente la aprobación y el cariño de su madre, pero era malvado con otras mujeres en su vida.

Al ella descubrir eso, trabajó para que Felipe pudiese perdonar a su madre de tal modo que aquella hostilidad fue disminuyendo hasta prácticamente desaparecer. Felipe ya está morando con el Señor y tuvo la oportunidad de perdonar y pedir perdón por sus actos, sanando no solo él, sino sus generaciones.

¡Cuan importante es saber que somos como somos por algo o por alguien! Descubramos juntos las experiencias que nos hicieron ser como somos para sanar aquellas que necesitan ser sanadas. Así celebrar y promover aquellas que nos han bendecido.

Necesitamos entender que conocer a nuestra pareja es una tareas que nunca termina. Luego de 30 años de casados, todavía descubrimos cosas de nuestro pasado que nos dan luz para trabajar con asuntos presentes. No hay mejor regalo que le puedas dar a tu pareja que el interesarte por conocerle cada día más.

Tarea: Hazle preguntas a tu pareja sobre su niñez y etapas de crecimiento. Pregúntale Por qué cree que ciertas cosas le molestan. Escucha y no juzgues sus respuestas.

Prometo estar casado contigo por las razones correctas

Uno de los problemas más frecuentes con el que nos topamos en consejería es: ¿Por qué debemos permanecer casados? Y pensaría usted que es un grito para salir corriendo y dejar todo atrás, pero en la mayoría de los casos es para recibir alguna excusa y permanecer juntos no importa qué.

Es cierto que nosotros somos pro-matrimonio. Pero no es menos cierto que debemos permanecer casados solo por las razones correctas, de otro modo, estaremos en un círculo vicioso que solo traerá mayor dolor en el futuro.

Tener claro que debemos permanecer juntos solo por las razones correctas, abrirá el camino para que nos lleguen herramientas y soluciones para poder terminar con éxito la carrera llamada vida y poder vivir juntos y felices.

Sé que es trillado el conocimiento de que nunca debemos permanecer casados solo por: los hijos, las finanzas, culpabilidad o pena. Pero existen muchas otras razones que si no identificamos y atendemos podrían llevar la convivencia de pareja a un estado insoportable. Por ejemplo: no llevarse bien con la familia de mi cónyuge, esto incluye padres, hermanos o hijos de relaciones previas, tener alguna reserva con sus amistades, cambios de trabajos o de profesión o enfermedades ocultas. Conozco una pareja que una de las partes nunca le confesó a la otra que tenía una enfermedad catastrófica antes del matrimonio, y aunque uno pensaría que el amor puede soportar todo, no es menos cierto que debe ser una elección y no una imposición.

Y tal vez usted pueda estar pensando en muchas otras más, dependiendo sus experiencias.

Hace varios años atrás tuvimos la oportunidad de aconsejar una dama que llegó a nuestra oficina porque ya no veía motivos para permanecer casada con su esposo. Parecía haber perdido todo interés en la relación y creo que hablar con nosotros era lo último que pensaba hacer antes de decidir romper el matrimonio. Realmente vemos con frecuencia estos casos, desmotivación, falta de interés, cansancio y desconexión. Llega el punto en que nos preguntamos ¿Por qué estoy aquí? ¿Qué valor tiene estar casados? En la mayoría de los casos podemos identificar una conducta: DESCUIDO. Han descuidado su relación.

El matrimonio es una empresa donde los socios deben cuidar constantemente su rol para evitar caer en el "Síndrome del R.O.B.O.T." Recuerdos, Olvidados, Buscando, Otros, Tesoros. Todo se hace en forma automatizada, sin pensar, sin analizar consecuencias, sin ser intencionales en hacer feliz a nuestra pareja y olvidando qué fue lo que me enamoró en primera instancia. El peor error es pensar que no poseemos el tesoro correcto y que podremos encontrar algo mejor o diferente.

Le pedimos a esta dama que cerrara sus ojos y recordara al día de su boda. Que mirara a aquel hombre con el que ella se casó y que sintiera lo que sintió aquel día. No pasaron varios minutos cuando lágrimas comenzaron a correr por sus mejillas. Y comenzó a decirnos las razones por las cuales lo había escogido a él como su esposo, veíamos cómo su rostro cambiaba de uno de conformismo a uno de ilusión. Se dio cuenta que todavía aquel joven estaba en casa, tal vez con unos años y libras más, con más experiencia, y sí

> *"El peor error es pensar que no poseemos el tesoro correcto y que podremos encontrar algo mejor o diferente".*

también un tanto robótico, pero allí. Le pedimos a esta dama que hiciera una lista de

las cosas que la llevaron al matrimonio con su esposo y que se las comunicara a él para que juntos cultivaran nuevamente aquello que los enamoró. Por supuesto, hay cosas que hicimos o tuvimos en un tiempo y ya pasó esa temporada, pero siempre podremos encontrar cosas juntos que puedan sustituir aquellas que por las razones que sea ya no podamos hacer.

Ya van más de 10 años, y la pareja sigue junta, firme y feliz. No todo ha sido color de rosas, pero como decía mi suegro: "Los demás colores también son bonitos".

Ahora, ¿cuáles son las razones correctas para vivir en pareja?

Lo más importante es entender que cada pareja es un mundo compuesto por dos mundos. Lo que queremos decir es que cada pareja debe crear un universo que les funcione a ambos, no importa cuales hayan sido sus experiencias pasadas y su crianza.

La razón más importante para permanecer casados, es aquella que los llevó al altar de primera instancia: el amor.

El amor es la razón principal para permanecer casados y la razón para procurar enamorarnos diariamente de nuestra pareja. Enamorarse no es lo mismo que "enchularse" (palabra puertorriqueña que significa crush, infatuation, chiflarse por). Enamorarse es encontrar el amor en la persona todos los días. Es mirar con ojos de amor, es admirar lo positivo de nuestra pareja, es encontrar cada día una razón para permanecer juntos. Es construir una relación con Dios como base, que a fin de cuentas Él es AMOR.

Otra razón para permanecer en pareja es entender la "fuerza de dos". La Palabra del Señor nos enseña que "mejores son dos que uno". El poder del dos es explosivo, de hecho, promete "mejor paga por el trabajo". Cuando aprendes que tu pareja es tu mejor aliado(a) y no tu contrincante, de seguro emplearán mejor sus fuerzas y su nivel de complicidad será poderoso. Cuando esto sucede, te darás cuenta de que tu cónyuge es la persona con quien más deseas estar y es tu "lugar feliz".

La tercera razón que recomendamos para permanecer casados es para DISFRUTAR. No existe otro tipo de relación sobre la faz de la tierra que se asemeje más a una relación divina que el matrimonio. La Biblia llama a la relación de Dios y el ser humano, Cristo y su Esposa. A Dios le gusta lo bueno, mire la reacción ante su creación, ... *y vio Dios que era bueno...*, el disfrutar y ser feliz es invento de Dios. A tal punto que la multiplicación de la raza humana la ligó a uno de los actos más placenteros y de mayor disfrute en la biología humana, el acto sexual. Dios desea que ambos en la pareja se disfruten el uno al otro y el uno con el otro. Esta es un área que nunca debemos descuidar en nuestro matrimonio.

Tarea: Tengan una conversación en dónde determinen cuales de las razones correctas necesitan refuerzo y si identifican que están juntos por razones incorrectas, decidan cómo deben ser sustituidas, modificadas o eliminadas. Esta es una tarea que debe revisarse frecuentemente.

Prometo aprender a vivir las diferentes temporadas contigo

Nosotros nos casamos jóvenes, ambos teníamos 20 años de edad. En esa etapa de nuestras vidas pensábamos como todo joven; nosotros sabemos todo y la gente mayor no sabe lo que habla. Todos hemos sido víctimas del pensamiento generacional. ¡Cuánta ignorancia! No digo que las generaciones jóvenes no conozcan de temas y sistemas actuales mucho más que sus generaciones pasadas, pero la experiencia nunca es sustituida por la innovación.

Con esta premisa establecida todos debe entender que el matrimonio como la vida no es estática, que cambiamos y punto. Tenemos que entender que lo que nos funcionó ayer, no necesariamente nos va a funcionar hoy.

Los cambios en la vida nos pueden tomar por sorpresa o los podemos provocar. Nosotros somos partidarios a provocarlos, ya que los cambios que han llegado sin aviso nos han causado más problemas. Es difícil poder conseguir sabiduría en medio de ellos para poder superarlos sin dolor. Cuando teníamos a penas 4 años de casados y aún sabiendo que Dios nos había hecho un llamado al pastorado, compramos nuestro primer apartamento en la ciudad de Carolina Puerto Rico. Estábamos muy felices por este logro. A la semana de habernos mudado, con las cajas en el suelo y muchas de ellas sin desempacar, recibimos la llamada que cambiaría nuestras vidas. Dios nos enviaba a pastorear en la hermosa ciudad de Vega Baja (la cual pastoreamos desde hace 27 años). Vega Baja es casi a una hora de distancia en auto de Carolina. Esto provocó que estuviéramos viajando todos los días de Carolina a Vega Baja por cinco años en lo que podíamos vender el apartamento, dado a que lo compramos por un producto bancario que prohibía que se vendiera antes de ese tiempo. De seguro hubiéramos podido comprar una casa con lo que tuvimos que invertir en gasolina por todo ese tiempo. De hecho, nuestra hija mayor fue concebida y nació durante ese tiempo y se convirtió en una experta viajera junto a nosotros.

> *"Los cambios en la vida nos pueden tomar por sorpresa o los podemos provocar".*

Desde entonces decidimos que cada decisión que tomáramos sería considerada a la luz de los cambios que se aproximaran.

Todos viviremos cambios de etapas que son estándar:

* Soltería
* Recién casados
* Casados con hijos pequeños
* Casados con hijos adolescentes
* Casados con hijos adultos
* Casados con hijos casados o ya fuera del hogar
* Casados durante y después de la menopausia y la andropausia
* Segundas nupcias
* Viudez
* Enfermedad de uno o ambos

A esto se le llama VIDA.

Si estamos conscientes de esto, todas las decisiones que tomemos tendrán como norte los cambios que se aproximan y seremos proactivos en vez de reactivos. Esto evitará muchas futuras discusiones entre ambos. Pero sobre todas las cosas podrá prepararnos para amar y apoyar a nuestro cónyuge durante todas las etapas que viviremos.

Entendamos que para cada etapa de la vida necesitamos la sabiduría correcta. Solo así podremos superarlas con éxito y con el menor dolor posible.

Prometo huir de la indiferencia

Danny Rivera (cantante puertorriqueño) canta una canción que dice: "Ódiame por piedad yo te lo pido.... porque el rencor duele menos que el olvido". Aunque parece trágico y en lo absoluto no es nuestra filosofía de vida, no es menos cierto que lo opuesto al amor no es el odio o el rencor, sino la indiferencia.

No existe algo más doloroso en una relación que el sentirse ignorado o sin importancia. Toda relación sana necesita un grado adecuado de relevancia, es importante tener un balance correcto entre el amor y la necesidad de atención.

María y Richard eran un matrimonio de veinte años de casados cuando María decidió que deseaba estudiar una maestría en finanzas para complementar su título de contabilidad. Ella llevaba varios años sin practicar su profesión, ya que se había dedicado a cuidar los dos hijos de la pareja y estos estaban próximos a ser universitarios. María pensó que, una vez sus hijos salieran del hogar, ese era el momento de retomar su profesión. Richard, por su parte, era un exitoso empresario de publicidad que suplía prósperamente a su familia. La reacción de Richard a la propuesta de su esposa fue fría y desentendida, lo que provocó en María un sabor amargo. Ella deseaba que su esposo celebrara su deseo de superación y que la apoyara, pero se hubiera conformado con que él le cuestionara por qué su deseo de salir a estudiar o a trabajar si a ellos no les hacía falta las finanzas.

María no necesitaba un trabajo, ella necesitaba sentirse valorada y que su contribución al hogar en la crianza de los hijos de ambos era apreciada.

"Todos en alguna medida necesitamos saber que importamos y que no pasamos desapercibidos".

Cuantas veces pasamos por alto y damos por hecho los detalles que hacen de nuestra vida de pareja algo funcional. Ellos no tenían problemas visibles, parecían ser una pareja normal, financieramente y familiarmente "estables"; a simple vista eran una pareja modelo. Actualmente lo son, gracias a que pudieron trabajar con esa "zorra pequeña" como le llama el autor del libro de Cantares en el capítulo 2 verso 15. *"Atrapen las zorras, las zorras pequeñas que arruinan nuestros* viñedos..."

Muchas veces no son grandes problemas lo que arruinan el matrimonio, sino pequeños descuidos. No estar pendientes el uno del otro. No celebrar los logros, aunque sean pequeños o cotidianos. Ignorar las primeras señales de que algo no anda bien. Como dicen los doctores en medicina "la detección temprana salva vidas" y matrimonios.

Todos en alguna medida necesitamos saber que importamos y que no pasamos desapercibidos.

No permitamos pasar un día más sin dejarle saber a la persona que amamos, que le amamos y que nos importa quién es y lo que hace.

Recuerdo una pareja de ancianos, quienes llevaban más de 70 años de matrimonio, el esposo le decía a todos que su amada esposa había conquistado su corazón por su forma de caminar y 70 años después ella se esforzaba por caminar de esa misma manera a pesar de los años y la artritis, solo para recordarle a él quien era ella.

Necesitamos esforzarnos para no permitir que lo cotidiano, lo cómodo, lo rutinario o lo familiar nuble nuestra necesidad de mostrarle a nuestra pareja cuánto nos importa y cuánto aporta a nuestra vida.

Tarea: Analicen en qué etapa de vida se encuentran. Procuren las herramientas necesarias para poder disfrutarla.

Prometo mantener mi "zipper" cerrado

Luego del amor, la fidelidad es el ingrediente más importante en cualquier relación matrimonial.

Muchos piensan que la infidelidad no se puede evitar, o que solo viene como producto del descuido entre la pareja. La realidad es que no existe excusa válida para pecar, aunque estemos pasando problemas como pareja, el adulterio o cualquier otro tipo de infidelidad nunca es justificada.

El pastor Samuel Chand, durante una conferencia espectacular nos mostró los tres errores que se cometen antes de pecar, según el Salmo 1 verso 1.

"¡Cuán bienaventurado es el hombre que no anda en el consejo de los impíos, Ni se detiene en el camino de los pecadores, Ni se sienta en la silla de los escarnecedoras" (Salmo 1:1 NBLA)

Aplicaremos estos tres principios a todas las áreas de nuestras vidas en especial a nuestra vida matrimonial, esto no solo salvará tu vida, sino que te hará vivir en paz y con la seguridad de que te irá bien. Esa porción de la escritura termina diciendo en el verso 3: "Y será como el árbol plantado junto a arroyos de aguas, que da su fruto en su tiempo; y su hoja no cae, y todo lo que hace, prosperará." (Salmos 1:3)

1. Andar con la gente equivocada.

Mi abuelita decía: "Dime con quién andas y te diré quién eres".

La Biblia dice: "¡No se dejen engañar! Bien dice el dicho, que «Las malas amistades echan a perder las buenas costumbres.»" (1 Corintios 15:33)

Es muy importante en la vida tener amigos, pero hay que saber escogerlos y saber desecharlos. Hay personas en esta vida que su deporte favorito es la impiedad, siempre están hablando mal de otros, criticando, desacreditando, menospreciando, y aunque existe un término clínico para esta condición conocido como "proyección" (persona que critica

"No ANDES, TE DETENGAS ni TE SIENTES en lo que de seguro puede destruir tu vida".

en otros sus propios defectos) es necesario mantener a este tipo de persona alejada de nuestra vida. Si fuera imposible por la familiaridad o si es una persona con la cual tenemos que trabajar diariamente, entonces debemos establecer límites claros con estas personas. Hace un tiempo atrás escuchamos a nuestro pastor el Rev. Otoniel Font, decir unas palabras que conmovieron nuestras entrañas como pareja. Él dijo: "Si me vas a hablar mal de mi esposa, no te quiero escuchar". ¡Que muchas personas hablan mal de otros porque no están haciendo con sus vidas lo que deberían estar haciendo! Solo aquel que está ocupado haciendo lo que tiene que hacer con su vida no tiene tiempo de estar hablando de los demás. Todos comentemos errores, eso lo sabemos, lo que no podemos es darle oído a cualquiera y mucho menos a personas que quieran minimizar la imagen de nuestra pareja ante nuestros ojos. Todos necesitamos evitar este tipo de gente. NO LE PRESTES TUS OÍDOS A LOS IMPÍOS.

2. Detenerse en el camino de pecado.

No tienen idea de cuanta gente nos ha dicho la frase: "cayó en adulterio". Por años hemos enseñado este principio en nuestras charlas matrimoniales. Nadie "CAE" como si fuera en un hoyo en la carretera que no vio. El adulterio, como cualquier pecado, comienza con una pequeña tentación. Al principio parece inofensiva, pero si nos detenemos a contemplarla tendremos un grave problema.

Ningún matrimonio está exento de tentaciones, pero todos tenemos la elección de ceder ante ellas o seguir de largo.

3. Sentarse en el lugar de la burla.

Cuando nos sentamos en el lugar del escarnio estamos en graves problemas. Cuando crecíamos en la iglesia legalista, nos decían que la silla de los escarnecedores eran las butacas del cine o la silla de una barra, para así mantenernos "puros y libres del pecado". Y aunque la intención era buena, lamentablemente la iglesia no preparó a muchos correctamente y terminaron por sentarse en la silla del escarnecedor.

Escarnio por definición es burlarse, mofarse, rechazar, ofender, ultrajar, ridiculizar, insultar, calumniar o afrentar delante de varias personas. Cuando te sientas en la silla del escarnio, justificas tu pecado, te burlas de la fidelidad, y enmascaras lo "sucio" como "error" (es llamarle a lo malo bueno Isaías 5:20) no te has dado cuenta, pero ya eres preso de la tentación. "El que comete adulterio no tiene entendimiento; El que lo hace destruye su alma. Heridas y vergüenza hallará, Y su afrenta no se borrará".
(Proverbios 6:32-33) En mi país le dicen "perdió la cabeza". Ya no piensas correctamente.

Le recomiendo que lea todo el capítulo 6 de Proverbios para que entienda cómo funcionan las tentaciones del adulterio, de seguro se evitará muchísimos problemas. Hay muchas tentaciones que vienen a nuestras vidas y a la mayoría de ellas la Palabra del Señor nos pide que hagamos frente bajo la protección de la obediencia a Dios. "Por eso, obedezcan a Dios. Háganle frente al diablo, y él huirá de ustedes". (Santiago 4:7) Pero de las tentaciones sexuales nos pide que huyamos. Ni el más fuerte espiritualmente debería hacerle frente. Deben ser evitadas y aniquiladas. "Evita las pasiones desordenadas que les complacen a los jóvenes. Esfuérzate por seguir una vida de rectitud, por tener fe, amor y paz, junto con la gente que tiene corazón puro y que ha confiado en el Señor". (2 Timoteo 2:22) "Haced morir, pues, lo terrenal en vosotros: fornicación, impureza, pasiones desordenadas, malos deseos y avaricia, que es idolatría;" (Colosenses 3:5 RVR1960)

No ANDES, No TE DETENGAS ni TE SIENTES en lo que de seguro puede destruir tu vida.

Tarea: Evalúa cuales son las personas, lugares o circunstancias que pueden provocarles que abran puertas que deben permanecer cerradas, y cierra esas puertas que has abierto que nunca debieron ser abiertas.

Prometo llevar tu anillo

"Cuando decidimos por una persona, le dijimos que NO a todas las demás".

El anillo es un símbolo de eternidad. No tiene principio ni final. Es una muestra de la bendición que Dios desea depositar en la pareja matrimonial. También es conocido por el nombre de "alianza" del cual existe registro de su uso en el matrimonio desde el 2800 A.C.

A los anillos matrimoniales se le pueden atribuir varios significados:

1. Son muestra de que vamos a emprender algo juntos que es grande y poderoso.

"Y metió las varas por los anillos a los lados del arca, para llevar el arca". (Éxodo 37:5 RVR1960)

Es conectarse para llevar juntos algo muy valioso por lo cual ambos hacemos el mismo esfuerzo.

2. Son evidencia de que pertenecemos a un lugar.

"Los anillos del pectoral deberán sujetarse a los anillos del efod con un cordón azul, trabándolo con el cinturón para que el pectoral y el efod queden unidos".
(Éxodo 28:28 NVI)

Es cuando conectamos lo natural con lo divino.

3. Nos da una autoridad única.

"Trajeron entonces una piedra, y con ella taparon la boca del foso. El rey lo selló con su propio anillo y con el de sus nobles para que la sentencia contra Daniel no pudiera ser cambiada". (Daniel 6:17 NVI)

Los anillos le muestran al mundo que ahora tenemos la autoridad de convertirnos en una familia.

Cuando decidimos por una persona, le dijimos que NO a todas las demás. Decidimos conectarnos permanentemente con un ser que escogimos por sobre cualquier otra persona y nuestros anillos son muestra tangible de este hecho. Pero más que un anillo físico, necesitamos llevar un anillo en nuestro corazón. Le pertenezco a alguien y alguien me pertenece a mí, emprenderemos juntos en grande y lograremos mucho más de lo pudiéramos lograr solos.

Prometo nunca darte por sentado

¡Es que mi pareja sabe que yo siempre voy a estar ahí, por eso hace lo que hace!

Ya hemos perdido la cuenta de las veces que hemos escuchado a alguien decir esta frase con molestia y a veces hasta con coraje y no es para menos. ¿A quién le gusta ser tratado menos de lo que es correcto, solo porque saben que usted es una persona que soporta, que da oportunidades, que es paciente y que ama incondicionalmente? A nadie.

Ambos debemos comportarnos correctamente, de esto no hay duda. Las relaciones matrimoniales nunca deben ser por ejemplo 50/100, nos casamos para darlo todo. El problema de está ecuación es que está desbalanceada, a esto se le llama: "fracción". ¡Cuántos matrimonios fraccionados existen! En las relaciones no debemos tomar más de lo que ofrecemos, solo porque estamos seguros de que nuestra contraparte lo va a tolerar o lo va a permitir. Nuestra meta debe ser siempre que ambos demos el 100%, 100/100 a esto se le llama un entero "1".

"y los dos serán un solo ser". "Así que ya no son dos, sino uno solo". (Marcos 10:8 PDT)

La clave de un matrimonio balanceado es precisamente llegar al uno, esto se logra entendiendo que debo valorar, apreciar y agradecer lo que mi pareja hace y es para mí, y retribuyendo con mi conducta de la misma forma. Es importante entender que hacer lo correcto es siempre la mejor opción, aunque se nos trate incorrectamente. Que nos traten mal no debe darnos permiso de tratar mal, tampoco significa que debamos tolerarlo. Uno de los principios que más nos ha bendecido en nuestra relación lo obtuvimos de la serie de libros de "LÍMITES" de los autores Dr. Henry Cloud y Dr. John Townsend. En ellos se enseña, de manera práctica y sencilla, las conductas que debemos y que no debemos tolerar en las relaciones. Por ejemplo: no voy a tolerar que me insultes porque estás enojado(a), espera a calmarte y entonces podemos hablar.

Reconoce que tu pareja no está contigo porque TIENE, sino porque QUIERE.

Prometo hacerte feliz

La mayoría de las personas se casan para ser felices, por tal razón llega la desilusión a sus vidas rápidamente. El concepto "Happily Ever After" "Y vivieron felices para siempre", es real, lo que no es real es pensar que se llega allí por lo que me puedan dar, más que por lo que yo puedo ofrecer.

La trampa está en las voces a las que le prestamos el oído y a las imágenes que les prestamos la vista. Cuántas veces las damas que nos leen escucharon a sus madres o abuelas decir la siguiente frase: "Estudia antes de casarte, porque si te sale malo, lo dejas". A cuántos hombres que nos leen sus madres les dijeron cosas como: "Asegúrate de que cocine, porque el amor entra por la cocina, sino vienes a casa y yo te preparo comida" Como si la responsabilidad de ser felices, estribara en algo o en alguien. Nuestra felicidad es nuestra responsabilidad.

El que vence en su relación matrimonial, vence en cualquier lugar. El hogar es el centro de adiestramiento para salir al mundo a triunfar. Es más fácil triunfar en un negocio que en la casa. La razón es que nadie nos conoce mejor que nuestra familia en especial nuestro cónyuge. Puedes engañar al mundo entero, pero difícilmente a tu familia.

Para lograr tener un matrimonio y una familia feliz necesitamos paz. La Palabra nos enseña: "Apártese del mal y hagan el bien. Busque la paz y no descanse hasta conseguirla". (Salmos 34:14 PDT) No podemos darnos el lujo de vivir sin paz. La paz guarda nuestra mente del cansancio y nos protege del desgaste: "La paz de Dios hará guardia sobre todos sus pensamientos y sentimientos porque ustedes pertenecen a Jesucristo. Su paz lo puede hacer mucho mejor que nuestra mente humana". (Filipenses 4:7 PDT)

Las familias exitosas dependen en gran manera de la imagen que tengamos de lo que significa éxito. La mente nos puede hacer trampa, al permitir pensamientos falsos de lo que es el éxito. Cuando miramos las redes sociales nos damos cuenta de lo que la gente admira como modelos a seguir. Dejemos por un momento a un lado que la mayoría de ellos son los peores ejemplos a seguir, el mayor problema es que nos metemos una presión incorrecta, y le ponemos a nuestra pareja una presión ridícula para alcanzar. Con este libro pretendemos liberarlos de presiones y más bien alentarlos a trabajar juntos, pacientemente para alcanzar sus metas. No debemos ser unos dejados y bajar la guardia, pensando que al casarnos ya tenemos a nuestra pareja segura, pero tampoco vivir en un estado caótico pensando que si no somos "perfectos" se van a ir. Construyámos juntos lo que nos gusta.

Compárense con ustedes mismos y no con otras parejas. Hagan planes juntos y ténganse paciencia mientras los alcanzan. Esto no es una carrera de 100 metros, esto es un maratón.

Una de las parejas que más admiramos es la de Carlos y Norma Ortiz. Ellos son el perfecto ejemplo de que venir de crianzas muy diferentes, con amor y paciencia se puede crear una nueva historia maravillosa y digna de imitar. Normita viene de un hogar conservador, fue una chica que se guardó para Dios desde muy joven, Carlos por el contrario fue criado de forma muy casual, teniendo decenas de hermanos, unos de padre y otros de madre. Creció en las calles, lamentablemente con las peores influencias, y no fue hasta la edad de 19 años y de camino a prisión que tuvo un encuentro con Dios que transformó su vida.

Se conocieron en el instituto Bíblico, se casaron hace más de 40 años y han tenido no solo un matrimonio ejemplar, sino que han desarrollado una familia preciosa. Sus generaciones aman al Señor y todos, tanto hijos, como nietos, sirven en el ministerio activamente.

Estos resultados vienen gracias al amor, esfuerzo, intención y paciencia que se han tenido mutuamente.

"No debemos cansarnos de hacer el bien. Si no nos rendimos, tendremos una buena cosecha en el momento apropiado". (Gálatas 6:9 PDT) Ellos son el mejor ejemplo de esta escritura.

Tener un matrimonio exitoso va a requerir esfuerzo y paciencia, pero los resultados producirán es sus vidas una paz inigualable. Tengan paciencia y no se rindan.

Los responsables de nuestra felicidad somos nosotros, el matrimonio no da felicidad, la puede aumentar, pero no debería tener la capacidad de disminuirla. Debemos ir ya felices al matrimonio y llevar esa felicidad con el fin de hacer feliz a nuestra pareja. No nos casamos para ser felices, nos casamos para hacer feliz al otro. Si ambos tenemos esta conciencia, seremos más felices juntos.

"Porque les he dado ejemplo, para que como Yo les he hecho, también ustedes lo hagan »..... Si saben esto, serán felices si lo practican." (Juan 13:15-17 NBLA)

La felicidad es una costumbre, al igual que la infelicidad. Hace muchos años daban en la televisión un programa en donde salía un personaje que se llamaba "Nube negra", su actitud era cien por ciento pesimista y por consiguiente todo le salía mal. Un amigo predicador utilizó esta frase que consideramos perfecta para este ejemplo: "Tu actitud va a ser conocida, antes que te conozcan a ti". Nube negra es el típico ejemplo de las personas que pasan por esta vida buscando felicidad fuera de ellos, y obviamente nunca la encuentran. La felicidad se cultiva desde adentro y es una disciplina. Hace varios años un estudiante del kindergarten de nuestro colegio se estaba despidiendo de su mamá en la puerta del salón, ella le daba instrucciones de lo que debía hacer y de cómo se debería comportar durante su día escolar, pero jamás olvidaré lo que este niño pequeño le aconsejó a su madre antes de que ella se fuera: "MAMÁ PORTATE FELIZ". Mi corazón inmediatamente recibió un fuerte impacto y pensé en lo sabio que había sido ese consejo de un niño de solo 5 años, es cierto hay que PORTARSE feliz.

¿Cómo se consigue ser feliz?

1. Sobre todas las cosas la verdadera felicidad proviene de una relación personal con Dios. Ambos en la pareja necesitan esta relación de forma individual.

2. Sé intencional, "pórtate feliz" todos debemos **practicar** las acciones de la felicidad. La más importante de todas es DAR. El amor se demuestra dando. Lea Juan 3:16.

3. Aceptando la responsabilidad de serlo. Nuestra felicidad no depende de lo que hagan otros o me hagan otros. Observe este mensaje de Jesús:

"Cuando Jesús vio todo aquel gentío, subió al monte y se sentó. Se le acercaron sus discípulos,

— **Felices** los de *espíritu sencillo*, porque suyo es el reino de los cielos.

- **Felices** los que están *tristes*, porque Dios mismo los consolará.

- **Felices** los *humildes*, porque Dios les dará en herencia la tierra.

- **Felices** los que *desean* de todo corazón que se cumpla la voluntad de Dios, porque Dios atenderá su deseo.

- **Felices** los *misericordiosos*, porque Dios tendrá misericordia de ellos.

- **Felices** los que *tienen limpia la conciencia*, porque ellos verán a Dios.

- **Felices** los que *trabajan* en favor de la paz, porque Dios los llamará hijos suyos.

- **Felices** los que *sufren* persecución por cumplir la voluntad de Dios, porque suyo es el reino de los cielos.

- **Felices** ustedes *cuando los insulten y los persigan*, y cuando digan falsamente de ustedes toda clase de infamias por ser mis discípulos.

- **¡Alégrense y estén contentos, porque en el cielo tienen una gran recompensa!** ¡Así también fueron perseguidos los profetas que vivieron antes que ustedes!"
(Mateo 5:1, 3-12 BHTI)

4. Tengamos paciencia el uno con el otro. Hay cosas que no van a tomar más tiempo alcanzar que otras. Lo importante es no rendirse.

Nadie nos debe nada, pero nosotros nos lo debemos todo. Nosotros tenemos que hacer lo que tengamos que hacer. Haz lo correcto y serás feliz y podrás hacer feliz a todos los que te rodean en especial a los que viven contigo.

Tarea:

Ahora, ¡manos a la obra!

Sobre los Autores

Robert y Marta Gómez son un matrimonio feliz de más de 30 años de casados, en él procrearon tres hermosas hijas, Marta Nicole, Victoria Zoe y Andrea Sofía. Son los orgullosos suegros de Carlos Lemuel Morales y los enamorados abuelos de Mila Dalía, Carlos Roberto y Theo Lemuel.

Los pastores Gómez cuentan con una experiencia ministerial amplia. Desde 1992 son los pastores de la Iglesia Fuente de Agua Viva en Vega Baja, Puerto Rico. Son predicadores internacionales de la Palabra del Señor, y muy solicitados en especial para ministrar en congresos e iglesias locales, sobre el carácter y cómo desarrollar con éxito la familia y el matrimonio. Juntos fundaron la cadena de colegios Fountain Christian Bilingual School 2001 y son el presidente y la directora ejecutiva de la primera sucursal en Vega Baja, Puerto Rico. Robert es el autor del libro "La escuela del carácter", el cual ya cuenta con múltiples reproducciones y es utilizado en muchos países para desarrollar el carácter de los líderes en sus hogares, iglesias y empresas. Marta es la autora del libro "Si yo pude, tú puedes" y a través de sus prédicas empodera a la mujer a desarrollar todo el potencial que Dios ha puesto en ella. Son conductores de programas televisivos, segmentos radiales y videos a través de las páginas de Facebook y YouTube "Él dice, Ella dice", "Aprendo con Marta". Proveen cursos en línea dirigidos a mejorar el caracter personal, familiar y empresarial.

Son conocidos por el mundo como "el pastor feliz" y "la pastora feliz", no porque no enfrenten situaciones, sino porque han aprendido que "el gozo del Señor es su fortaleza". (Nehemías 8:10) Ambos cuentan con una maestría en Consejería Familiar.

Encuéntralos en www.eldiceelladice.com

Y tanto en Facebook como en Instagram como: Pastor Robert Gómez y Pastora Marta Gómez.

www.ingramcontent.com/pod-product-compliance
Lightning Source LLC
Chambersburg PA
CBHW071521150726
48000CB00002B/632